마인드_MIND

나를 믿는 사람이 남도 믿을 수 있다

마인드_MIND

나를 믿는 사람이 남도 믿을 수 있다
나는 믿기로 마음먹은 순간, 모든 가능성은 높아졌다

윤슬

도서출판 담다

마인드 MIND

나를 믿는 사람이 남도 믿을 수 있다 ⓒ윤슬, 2021

초판 1쇄 | 2021년 5월 23일

지은이 | 윤슬
발행인 | 김수영
편집·디자인 | 부카
　　　　　　발행처_ 담다
　　　　　　출판등록_ 제25100-2018-2호
　　　　　　주소_ 대구광역시 달서구 조암로 25 6층
　　　　　　메일_ damdanuri@naver.com
　　　　　　문의_ 070-7520-2645

ISBN 979-11-89784-10-2 [03190]

인생은
자신을 믿는 마음으로
매일 한 걸음씩 나아가는 길입니다.
스스로를 믿기로 마음먹은 당신에게
무한한 응원을 보냅니다.

들어가는 글

"당신은 당신을 신뢰하는가?"
"당신은 세상을 신뢰하는가?"

〈마인드(MIND)〉라는 제목에 이끌려 들어온 당신을 환영한다. 제목에 공감한 당신이라면 분명 나의 스토리에 호의적일 것이며, 지금까지의 경험을 바탕으로 제시하는 나의 제안에 긍정적인 메시지를 발견하게 될 것이다.

당신이 지금까지 어떤 삶을 살아왔는지, 어떤 감정 상태를 유지하면서 지내왔는지 알 수는 없지만, 당신은 지금껏 그것을 '당신의 전부'라고 이해하고 받아들였을 것이다. 가끔 가능성을 경험하기도 하고, 때로는 좌절에 부딪히면서 '왜 이렇게 일이 잘 풀리지 않지? 나에게 문제가 있나? 다른 사람은 모두 잘하는 것 같은데?' 어쩌면 뜻대로 되지 않는 상황, 환경을 원망하면서 '이번생(生)은 여기까지야.'라는 생각을 했을지도 모르겠다. 만약 그런 상황을 경험했었거나 하고 있다면, 이 책이 당신에게 도움을 줄 수 있을 것으로 생각한다.

그런 이유에서 미리 밝히려고 한다. 만약 앞서 말한 경험은 나와 상관없는 거라고 여겨진다면, 굳이 당신은 이 책을 읽을 필요가 없다. 지금 가고 있는 길을 계속 이어나가면 충분하다. 이미 당신은 잘 가고 있다. 이 책은 '나를 믿는다.'라는 말이 추상적으로 느껴지는 사람, '나를 믿는 방법'을 찾고 싶은 사람, 가슴 뛰는 삶에 대해 궁금한 사람, '나'라는 사람에 대한 가능성을 발견하고 싶은 사람, 그런 사람을 위한 책이라는 것을 거듭 밝혀둔다.

'멘토'라는 호칭과 함께 나를 찾아오는 사람이 많아졌다. 사실 멘토라고 불리는 것이 적절한지 의문이 들 때가 많다. 부족한 부분이 많고, 다른 사람처럼 경험을 통해 쌓아가는 과정에 있는 내가 지혜롭고 현명한 상담자가 되고 있는지 스스로도 궁금하다. 하지만 감사하게도 그들은 내 얘기에 공감해 주었고, 삶의 경계를 만드는 과정에 도움이 되었다는 메시지를 전해주었다. 나아가 인생이 바뀌기 시작했다는 기적과도 같은 선물을 보내주기도 했다. 그런 일련의 과정을 지켜보면서 나도 모르게 인생의 아주 중요한 비밀을 밝혀낸 느낌이 들었다.

이 책은 그런 과정에서 자주 언급되었던 이야기를 한데 모아서 완성했다. 두려움을 이겨내고, 조절력을 발휘해 실행하고, 세상과 조화를 이뤄나가는 과정에 대한 실천 안내서라고 할 수 있겠다. 동시에 지금의 나를 있게 만든, 조금 더 나은 사람이 될 수 있도록 이끌어 준 지침서이기도 하다.

'여기가 한계라고 생각하는가?'
나는 언제부터인가 '여기가 내 한계야.'라는 말을 하지 않게 되었다.

어려움과 두려움에 둘러싸여 긴 터널을 지나고 있다는 생각이 들 수도 있다. 하지만 나는 과감하게 한계를 뛰어넘어야 한다고 말해주고 싶다. 한계는 다른 사람이 대신 만들어 준 것이 아니다. 당신이 만들었다. 경험주의자를 자처하며, 삶이 던지는 과제에 유연하게 대응하지 않고, 익숙하고 안전한 방식을 고집한 당신이 말이다. 그 울타리가 시간의 힘과 함께 더욱 견고하고 단단해진 것이다. 당신에게는 아직 발견되지 않은 영역이 있다. 보통 '잠재력'이라고 불리는 영역이다. 잠재력은 가능성의 공간이며, 가능성은 믿음을 먹고 자란다. '나를 믿는 사람'이 되어야 하는 것에 이유는 없다. 무조건이다. 당신은 자신을 믿어야 하며, 가능성에 대해 긍정적인 사람이 되어야 한다.

그동안 읽은 수많은 자기 계발서의 내용을 정리하여 옮겼다기보다 직접 경험하고 느낀 것을 바탕으로 실천할 수 있는 문장 형식으로 챕터를 구성했다. 매 순간 마음속으로 반복해서 되뇌었던 문장이 챕터 하나, 하나가 되었다. 신뢰감을 가지고 믿는 마음으로 따라 해 보았으면 좋겠다. 그렇게 한다면 당신은 나와 같은, 아니 그 이상의 결과를 얻게 될 것이다.

어디에 있든, 무엇을 하든, 어떤 일을 하든, 이 책은 '당신의 오늘'을 돕기 위해 탄생하였다. 유일한 시간을 무한한 것처럼 살아가려는 '크로노스'적인 방식이 아니라, 예상하지 않은 문제를 마주하면 적극적으로 참여하는 사람이 되는 과정에 힘을 실어줄 것이다. 새로운 시작을 하든, 뜻을 지켜나갈 수 있도록 돕는 일이 되었든, 〈마인드(MIND)〉는 당신이 원하는 뜻에 부합하는 행동을 할 수 있도록 당신을 도와줄 것이다.

"나를 믿는 사람이 남도 믿을 수 있다."
"나를 믿기로 마음먹은 순간, 모든 가능성은 높아졌다."
"당신은 '당신을 믿는 사람'이 되어야 한다."
"당신이 당신을 믿기 시작하면, 세상도 당신을 믿기 시작한다."

2021년 5월
기록디자이너 윤슬

· 제1부 ·
시작을 두려워하는 당신에게

[두려움을 줄여주는 문장 외우기]

· 제4부 ·
공감 지능을 높이고 싶은 당신에게

시작을 두려워하는 당신에게

MIND

1
나는 실패를 경험이라고 읽는다

"인생에서 가장 위대한 영광은 절대로 실패하지 않는 것이 아니라, 실패할 때마다 다시 일어서는 데 있다."

남아프리카 최초의 흑인 대통령이자 노벨평화상을 수상한 넬슨 만델라 대통령의 자서전 「자유를 향한 여정」에 나오는 문장이다. 46세에 수감되어 27년 동안 감옥에 갇혀 생활한 그는 1990년 석방될 때까지 매일 시를 낭송하고, 채소밭을 가꾸고, 운동을 하면서 자신이 이루고자 하는 것에 대한 생각과 희망을 포기하지 않았다. 화해와 포용의 정신을 강조하는 넬슨 만델라 대통령은 오늘을 살아가는 우리에게 당부한다. 젊음은 아름다운 것이며, 미래라고. 누구나 하고자 하는 일에 헌신하고 열정적으로 노력하면 주어진 상황을 뛰어넘어 성공에 이를 수 있을 거라고.

만약 누군가 실패에서 교훈을 얻는 일이 아주 대단한 용기가 있어야 하는 것이며, 동시에 아주 소중한 의미를 지니고 있다고 가르쳐주었다면 어땠을까? 그랬다면 실패를 정면에서 마주하는 일이 조금 쉬워졌을까? 하지만 슬프게도 우리는 제대로 실패를 마주하는 방법을 배우지 못했다.

우리는 성공하는 방법에 관해서만 얘기했고, 결과가 전부라는 생각으로 '성공'을 부각하는 일에 열심이었다. '실패'라는 것은 그 자체로 '끝'이었고, 또다시 거론

되는 것은 두려운 일이었으며, 하루라도 빨리 묻히기를 바라는 마음이 전부였다. '실패는 성공의 어머니'라는 말에 도무지 신뢰감이 생기지 않았다. 실패를 어떻게 대처해야 하는지, 실패가 성공의 어머니가 될 수 있는 근거가 무엇인지를 우리는 배웠어야 했다. 하지만 다행스럽게도 우리에겐 시간이 남아있다. 살아온 시간보다 아직 살아갈 시간이 더 많다.

무엇보다 우리는 생각보다 많은 것을 실패로부터 배웠음을 기억해 내야 한다. '성공'이라는 프레임에만 집중할 것이 아니라 '실패'의 가치를 새롭게 받아들여야 한다. 그것을 바탕으로 한 걸음씩 내디디며 앞으로 나아가야 한다. 넬슨 만델라 대통령의 표현처럼 헌신하고 열정적으로 노력해야 한다.

"최고의 경험을 하거나 최고의 자산을 얻거나"

어떤 새로운 일을 시작하거나 예상하지 못하는 상황

을 만나면 머릿속으로 가장 먼저 되뇌는 말이다. 성공 가능성이나 실패 가능성이라는 단어는 아예 머릿속에서 지워버리고, 이번 일을 통해 최고의 경험을 하게 되거나 최고의 자산을 얻게 될 거라는 각오를 다진다. 다시 말해, 처음부터 모든 것을 나에게 유리한 방향으로 해석을 깔아놓고 시작한다. 그런 다음 내가 할 수 있는 최고의 노력에 대해 연구한다.

불확실성에 대한 걱정, 실패에 대한 두려움이 없다면 거짓이다. 하지만 그런 순간이 찾아오면 '그럴 수도 있겠지'라는 말과 함께 불편한 감정이 몸을 관통하여 빠져나갈 때까지 말없이 기다려준다. 손님은 손님으로 대접해야 한다. 원하지 않는 감정의 방문은 손님이다. 손님은 오래 머물지 않는다. 실패든, 두려움이든, 걱정이든, 나는 호의적이지 않은 모든 것을 손님으로 정의하고 그에 걸맞게 대접한다. 그렇게 손님이 자리를 뜨고 나면 주변 정리를 끝낸 다음, 서서히 몸의 온도를 올릴 준비를 한다.

'물론, 그럴 수도 있겠지. 하지만 잘 될 거야. 문제가 생길 수도 있겠지만, 그때 가면 해결 방법이 생기지 않을까?'

어려움이 생기면 그것을 뛰어넘을 힘을 지니고 있다고 믿고, 긍정적으로 생각하는 것이 중요하다. '잘 될 거야.'라는 마음과 함께 '문제를 해결할 힘'을 가지고 있다고 믿는 마음이 필요하다. 그런 이유로 환경이 중요하다. 부정적인 사람이나 상황에 자꾸 노출되면 긍정적인 마음을 유지하기 어렵다. 넬슨 만델라 대통령의 조언대로 헌신하고 열정적으로 노력하는 것만으로도 하루가 부족한데, 괜한 의혹 속으로 몸을 던져 힘이 빠져나가는 일은 만들지 않아야 한다. 물론 헌신하고 열정적으로 노력해도 실패할 수 있다. 하지만 그럴 때마다 나는 실패를 경험이라고 읽었다. 그것도 '최고의 경험'이라고 읽었다. 그러면 모든 것이 '괜찮은 것'이 되었다.

2
거절에도 예의가 필요하다

　　　　　　　대학 동아리에서 MT를 갔던 기억이
있다. 봉사활동을 하는 동아리였는데, 일 년에 두 번
정도 친목을 도모하고, 의미를 되새기기 위해 산으로
여행을 떠났다. 대학의 낭만, 술과 음악이 빠지지 않는
MT. 맑은 산의 정기 아래 밤늦게까지 얘기를 나누고
술을 마시면서 시간을 보냈는데, 딱 하나 난감한 과제
가 있었다. 용기를 심어주려는 것이었는지, 담력을 키
워주려는 의도였는지 분명하게 알 수는 없지만, 그 과

제를 피할 수 있는 사람은 없었다.

과제는 이런 것들이었다. 낯선 장소로 이동한 후, 처음 보는 그룹에서 쌀과 김치 얻어오기, 차비를 잃어버렸다고 얘기하고 돈 빌려오기, 여기에서 서울까지 가는 자세한 방법 알아 오기, 급기야 나중에는 어떻게 하면 북한에 갈 수 있는지 버스 노선을 알아 오라고 한 적도 있었다. 친구들과 조를 이뤄 움직였는데, 그때의 난감함이란 지금 생각해도 아찔하다. 말을 하다가 도중에 도망치기도 하고, 선배의 따가운 시선 때문에 되돌아오지 못하고 울며 겨자 먹기로 매달렸던 기억이 난다. 잊고 지냈던 기억을 소환할 수 있었던 것은 모임에서의 질문 덕분이었다.

"작가님도 거절당하는 게 두렵나요?"

'거절을 당하는 게 두렵나요?'라는 질문의 대답은 당연히 "예"이다. 나 역시 거절이 두렵다. 다만 거절을 조금 파헤치고, 거절에 대한 두려움의 실체를 알고 난 이후부터는 많은 부분이 자유로워졌다.

나는 '거절에 대한 두려움'을 걱정하는 사람에게 거절을 분석하는 시간을 가져보라고 얘기한다. 무엇이든 두리뭉실하고, 추상적일 때 어려운 법이다. 수학 공식처럼 정리되고 나면 거절이 생각보다 단순하다는 것을 알 수 있다.

'거절에 대한 두려움'은 거절당하고 싶지 않다는 마음에서 출발한다. 그래서 무엇보다 '거절당하고 싶지 않다'라는 마음을 버리는 것이 중요하다. 거절당하지 않고 싶다는 마음은 상대방도 나와 똑같은 생각을 했으면 좋겠다는 바람에서 출발한다. 그러나 상대방은 당신의 제안이 마음에 들지 않을 수 있다.

완벽하게 똑같은 생각을 하지 않는 한, 제안을 수락할 확률은 50%에서 출발한다. 어쩌면 제로에서 출발

한다고 해도 과언이 아니다. 그런데 사람들은 보통 100%에서 출발한다. 그러다가 거절을 당하면 '말도 안 되는 일'이 벌어졌다고 얘기한다. 출발 지점을 수정해야 한다. 50%가 아니라 제로에서 출발해야 한다. 당신은 '거절당하고 싶지 않다'가 아니라 '거절당할 수 있다'라는 생각으로 제안해야 한다.

두 번째, 상대방은 당신을 거절한 것이 아니라 '당신의 제안'을 거절한 것이다. 무엇보다 사실을 정확하게 이해할 필요가 있다. 한데 뭉쳐 생각할 것이 아니라, '당신'과 '당신의 제안'을 분리해야 한다. 상대방은 당신을 거절한 것이 아니라 어떤 상황이나 이유로 인해 '당신의 제안'을 거절한 것이다. 당신을 부정하고, '당신의 생각'을 무시하고 '당신의 가치'를 낮게 평가한 것이 결코 아니다. 하나의 사건을 두고 지나치게 확장시키는 일반화의 오류를 거절에 대한 두려움에서도 살펴봐야 한다.

마지막으로 '거절'에도 기분 좋은 거절이 있고, 기분 나쁜 거절이 있다는 점이다. 그런 날이 있었을 것이다. 분명 거절을 당했는데, 그렇게 기분이 나쁘지 않은 경험. 반면 거절당한 것도 속상한데 기분까지 좋지 않았던 날이 있을 것이다. 이유가 무엇일까. 나는 '태도'라고 생각한다. 어떤 표현, 어떤 말투, 어떤 행동을 했느냐에 따라 거절의 결과는 완전히 달라진다. 기분 좋은 거절인 경우에는 하나의 사건으로 끝나지만, 그렇지 못한 경우에는 감정뿐만이 아니라 관계까지 나빠질 수 있다. 거절에도 예의가 필요하다. 어차피 해야 할 거절이라면, 기분 좋게 거절하는 법을 배워 놓는 것이 현명하다.

그리고 거절 의사는 분명하게 밝혀야 한다.

당신도 상대방의 제안이 맞지 않을 때는 거절을 표현해야 한다. 그럴 때 우선 상대방의 제안을 제대로 들었는지, 잘 이해했는지 먼저 살펴봐야 한다. 혼자만의 추측으로 결론 내리지 않도록, 궁금한 것은 질문을 통해 정확하게 파악해야 한다. 그런 다음 거절의 과정을 진행하면 된다. 어떤 이유로 함께 할 수 없는지, 어떤 어려움이 있는지 정중하게 전달해주면 된다.

'역지사지(易地思之)'의 입장에서 진심을 담아 마음을 표현하는 것이 거절의 핵심이다. 거절당하는 것이 유쾌한 일은 아니지만, 관계까지 나빠질 이유는 어디에도 없다. 거절을 정확하게 하지 못해 양쪽이 스트레스를 받는 일이 생기지 않도록 해야 한다. 정중한 거절로 관계가 틀어질 정도라면, 그동안 불필요한 관계를 지속해온 것은 아닌지 반문해 볼 필요도 있다.

3
내가 선택하고 내가 책임진다

봄에 뿌린 씨앗이 없으면 가을에 거두어들이는 것이 없어야 한다. 기분 좋은 말을 내보내지도 않았으면서 기분 좋은 말이 돌아오지 않는다고 억울해하지 않아야 한다. '뿌린 대로 거둔다.'라는 말은 전래동화 속의 교훈이 아니다. 삶의 진리가 숨어있다. 바라는 것이 있는 사람은 그것이 이뤄질 수 있는 길을 마련해놔야 한다.

"당신은 어떤 스타일을 가지고 있는가?"

"어떤 방식으로 일을 진행하는가?"

마음속으로 바라는 것이 있으면서도 머릿속으로 계속 시나리오만 작성하는 사람이 있다. 최상의 상황에서부터 최악의 상황까지 모든 가능성을 머릿속에 펼쳐놓고 시나리오 작업에 몰두한다. 완벽한 준비 과정을 거치면 완성도 높은 결과물이 나오는 것은 당연하다. 하지만 그러다 보면 보다 나은 결과를 끌어낼 타이밍을 놓칠 수 있다. 반면 과감한 실행력을 보이는 사람도 있다. 일단 시작하고 보는 경우이다. 이런 경우 최소한의 기본적인 사항에 대한 점검은 필요한데, 그런 기간조차 없이 덤벼들면 낭패를 볼 수 있다. 중요한 순간에 뒷심을 발휘하지 못해 어려움을 겪을 수도 있다.

당신은 어떤 사람인가? 나는 감당할 수 있는 범위가 어디까지인지 살펴본 다음, 어느 정도까지 가능하겠다는 마음이 생기면 일단 시작하고 보는 편이다.

처음부터 이런 방식을 가진 것은 아니었다. 프리랜서 생활을 계속하다 보니 기획이 업무의 절반이고, 기획안을 바탕으로 충실하게 수행하는 것이 나머지 절반이다. 그러다 보니 기획에 많은 시간과 노력을 투자했다. 이때 머릿속을 가득 채운 말은 '아직 멀었어.', '더 많이 준비해야지!'였다. 준비에 소홀함을 허락할 수 없었고, 예상하지 못한 모든 가능성에 대한 답안이 나왔을 때, 그때 시작해야 한다고 믿었던 사람이다. 거침없이 나아갈 수 있어야 하는데, 그러지를 못했다. 그랬던 내가 지금은 '쉬운 시작'을 얘기한다. 여행 가방에 짐이 너무 많으면 장거리 여행에 불편하다는 말과 함께 필수품만 챙겨 일단 '가벼운 시작'을 해보라고 권유하고 있다.

'잘 할 수 있을까?'

'일이 잘못되면 그때는 어떻게 하지?'

가벼운 시작이라고 해도 불안함이 찾아오는 것을 막을 수는 없다. 하지만 방법은 있다. 바로 '정확한 내용으로 다시 질문하기'이다.

'준비한 대로 할 수 있을까?'
'문제가 생기면 내가 감당할 수 있는 범위일까?'

정확한 질문은 정확한 대답을 끌어낸다. 가벼운 시작, 새로운 시도를 주저하는 당신에게 "내가 선택하고 내가 책임진다."라는 말을 기억하라고 얘기해 주고 싶다. 사실 시작하는 것을 주저하는 마음속에는 결과, 정확하게 표현하면 실패할지도 모른다는 두려움이 큰 비중을 차지하고 있다. 실패자로 낙인찍히는 것보다 실패를 경험하지 않는 게 더 나을 거라는 계산이 숨어있다. 누가 실패자로 낙인찍는지는 모르겠지만, 그런 생각을 하는 사람이 의외로 많다.

하지만 그 생각을 180도 회전시켜 다른 방향에서 바

라보면 전혀 다른 결론에 도달한다.

 실패를 감당할 수 있다면, 감당할 수 있는 범위의 일이라면, 두려워할 이유가 사라진다는 의미가 된다. 거기에 단 한 번의 실패로 모든 것을 잃는 경우는 그리 많지 않다. 특히 가벼운 시작의 경우 치명적인 상처를 남기는 모습은 거의 없다. 실패를 하더라도 대부분 감당할 수 있는 범위에서 마무리된다.

 당신은 '당신의 생각'보다 더 강하고, 멋진 사람이다. 다만 그것을 경험할 기회를 가지지 못했다. 준비운동에 너무 많은 시간을 보냈고, 두려움 뒤에 숨겨진 본질을 파악하지 못했다. 시작해도 된다. 가벼운 시작이라면, 쉬운 시작이라면 더더욱 그래도 된다. 조금 더 큰 시작이라면, 조금 더 파이가 큰 도전이라면, 내가 감당할 수 있는 최대치가 어느 정도인지 조금 더 세심하게 살펴보면 된다. 우리는 그것을 '책임'이라고 표현한다.

 "내가 선택하고 내가 책임진다."

만약 가능하다면, 당신이 책임질 수 있다고 여겨지는 범위라면, 과감하게 시작했으면 좋겠다. 어쩌면 시작하기를 두려워하는 당신에게 필요한 질문은 이것인지도 모르겠다.

"당신이 두려워하는 것은 시작인가? 책임인가?"

4
나를 믿는 사람이 남도 믿을 수 있다

우리 모두는 각자의 무게를 버티며 살아가고 있다. 하지만 혼자 살아갈 수 있는 사람은 없다. 스스로 해결해야 하는 것도 있지만, 함께 풀어야 하는 문제도 존재한다. 가족, 친구, 동료와 함께. 어떤 경우에는 전혀 알지 못하는 사람의 도움을 받으면서 살아가기도 한다. 우리는 관계를 피할 수 없다. 관계는 선택이 아닌 필수 조건이다. 하지만 그럼에도 불구하고 관계에 대한 어려움을 호소하는 사람이 많다.

"당신은 도움을 요청하는 사람인가?"

"도움이 필요한지 알아봐 주기를 기다리는 사람인가?"

혼자 감당할 수 없을 때는 도움을 요청해야 한다. 전문가들은 말한다. 도움을 받아야 할 상황이라면, 도움을 받는 것이 가장 현명한 방법이라고, 스스로 해결할 수 없는 문제라면 더욱 그래야 한다고 강조한다. 거절에 대한 두려움으로 누군가 알아주기를 바라며 속으로 끙끙 앓는 것은, 문제 해결에 도움 되지 않을뿐더러 감정적인 소모로 인해 힘든 상황을 더욱더 어렵게 만든다고 했다. 세상에 '절대로 그런 일은 없어'라고 장담할 수 있는 경우는 없다. 도움을 요청하는 날이 있는가 하면, 도움을 줄 수 있는 날도 찾아온다. 도움이 필요하다면 용기 내어 요청하는 사람이 되어보자.

오늘날 우리 사회는 다양한 방식으로 문제를 제시하고, 창의적인 접근 방식에 대해 궁금해한다. 글로벌, 4차 혁명 시대, 불가능하다고 여겼던 일이 '당연한 일'이 되는 과정에 그리 많은 시간이 걸리지 않게 되었다. 같이 살아가는 시대, 혼자 해결할 수 없는 문제, 함께 풀어야 할 문제가 늘어나는 것은 지극히 자연스러운 현상이다.

당신은 누군가와 관계 맺는 것을 두려워해서는 안 된다. 호기심을 유지한 채, 적극적으로 도움을 요청해야 한다. 거기에 한 가지 더, 예상과 빗나가는 일이 벌어지더라도 '어떻게 이런 일이?'가 아니라 그럴 만한 상황이 있었을 거라고 생각하는 '여유'도 함께 기억해야 한다. 관계의 핵심은 두 가지이다. 자신에 대한 신뢰감, 그리고 여유로운 마음.

스스로 신뢰감이 있는 사람은 다가가는 일을 두렵게 여기지 않는다. 함께 살아가는 사회, 도움을 주고받는 것은 이상한 일이 아니다. 도움 줄 수 있다는 것과 도움받을 수 있다는 것을 모두 기쁨으로 이해한다. 자신과 상대방 모두 '열심히 살아가는 과정에서 생겨난 거절'이라는 믿음으로 애써 오해의 불씨를 만들지 않는다. 제안을 거절당했을 뿐이지, 상대방이 자신을 부정했다고 여기지도 않는다. 그들은 여유가 있다. 단순히 '문제가 해결되지 않아도 괜찮다' 혹은 '거절당해도 괜찮다'가 아니다. 삶의 불확실성을 인정하면서 '분명 해결할 수 있는 다른 방법이 있을 거야'라는 긍정성을 놓치지 않는 것이다.

세상은 혼자 살아가지 못한다. 당신은 도움을 요청할 수 있는 사람이 되어야 한다. 그러기 위해서는 우선 자신을 믿는 힘부터 길러야 한다. 나를 믿는 사람이 남도 믿을 수 있다.

삶의 불확실성을 인정하며 긍정성을 유지할 수 있는 태도를 배워야 한다. 불확실한 것에 대한 두려움은 모두 똑같다. 하지만 그것을 마주하는 방식은 천차만별이다. 당신은 불확실성을 인정하는 사람이 되어야 한다.

물론 이 모든 것은 하루아침에 만들어지지 않는다.

그러므로 지금 당장, 시작해야 한다. 일단 가볍게 이 질문부터 대답해 보자.

"당신은 도움을 요청하는 사람인가?"
"도움이 필요한지 알아봐 주기를 기다리는 사람인가?"

5
위기와 기회는 같이 온다

「하워드의 선물」에서 저자 에릭은 후배 미셸 이야기를 한다. 미셸이 갑자기 상사가 회사를 그만두고, 연이어 전체적인 조직 재편이 이뤄진다는 소식에 아무것도 하지 못한 채 회사가 내려줄 결정을 기다리고 있다고 했다. 불안해하는 그녀에게 자신이 어떤 말을 해주면 좋을지 에릭은 조언을 구한다.

사연을 알게 된 스승 하워드는 지금 미셸이 눈 앞에

펼쳐진 기회를 알아보지 못하고 있다면서 '전환점'을 언급한다.

"인생이란 누구에게나 처음이기 때문에 한 번도 안 가본 길을 가는 것과 같아. 그럼 어떻게 해야 원하는 목적지까지 갈 수 있을까? 다행히 세상은 구석구석에 전환점이라는 의미 있는 지표들을 숨겨 놨어. 다만 사람들이 그걸 못 보고 지나쳐서 문제지. 심지어 자신이 전환점에 있다는 사실조차 알아채지 못해. 무엇보다 전환점을 인식하는 게 그 첫 단계야. 미셸을 보거들랑 앞으로 일어날 수 있는 수많은 상황을 생각해 보고, 그중에서 가장 원하는 것을 선택하라고 말해 주게."

미셸의 문제만이 아니다. 살다 보면 누구나 어떤 거대한 벽이 앞을 가로막고 있다거나, 끝이 보이지 않는 터널을 걷는 느낌이 들 때가 있다. 판단하기 어려운 상황에 내몰려 갈팡질팡하면서, 누군가가 나서서 '이게 운명이야'라고 결정해 주기를 바라면서 말이다. 물론 그런 상황에서 전환점을 떠올리며, 위기와 기회가 동시에 찾아온 것이라고 다짐하기란 쉽지 않다. 하지만 그 순간, 우리는 자신을 설득해야 한다. 현재 전환점을 마주하고 있으며, 위기를 기회로 바꿀 힘을 지니고 있다는 믿음으로 변화를 시도해야 한다.

위기와 기회, 삶과 죽음, 슬픔과 기쁨, 만남과 헤어짐과 같이 세상 모든 일에는 동전의 양면처럼 빛과 그림자가 존재한다. 이것은 자연법칙이며, 우리도 예외가 아니다. 언젠가 독서 모임에서 삶과 죽음에 관련한 얘기를 나누다가 삶의 의미가 어디에 있는지에 대해 의견을 나눈 적이 있다. 그날 다양한 해석이 나왔는데, 그중 하나가 바로 '회복 탄력성을 갖춘 삶'이었다. 빛과 그림자를 인정한 표현, 회복 탄력성.

'과연 회복 탄력성을 갖춘 삶이란 어떤 삶일까?'
'회복 탄력성을 지닌 사람에게는 어떤 특징이 있을까?'

그들은 '본질'을 놓치지 않기 위해 노력하는 사람들이다. 뚜렷한 목적의식을 가졌기에 현재 어떤 상황에 놓여있는지, 올바른 방향성을 유지하고 있는지를 검토하는 일에 능숙하다. 또한 그들은 검토가 끝나면 다양한 관점의 질문을 던져 해결 방향을 모색한다.

'지금 이 상황은 무엇을 말하고 있는 걸까?'
'지금 어떤 일이 벌어지고 있는 걸까?'
그들은 어떤 감정을 느끼고 있는지도 놓치지 않는다. 어디에서부터 시작된 두려움인지, 두려움의 실체를 파악하기 위해 노력한다. 실체 없는 감정까지 어느 정도 마무리되면, 본격적으로 문제 해결을 위해 몸을 움직인다.

'이번에 내가 배워야 할 것은 무엇일까?'
'내가 할 수 있는 최선의 선택은 무엇일까?'
'스스로 해결할 수 있는가? 다른 사람의 도움을 받아야 하는가?'

회복 탄력성을 지닌 사람은 똑똑한 사람이라기보다 현명한 사람이다. 호의적인 상황은 좋은 상황, 호의적이지 않은 상황은 나쁜 상황이라고 단정 짓지 않고, 현재 상황을 '일의 전부'라고 받아들이지도 않는다. 혼자 해결할 수 있는 문제라면 '아모르파티'를 외치며 문제 상황 속으로 뛰어든다. 혼자 해결할 수 없는 경우라면 함께 문제를 해결해 줄 사람을 찾아가 정중하게 부탁한다. 회복 탄력성을 지닌 사람들은 알고 있다. 빛과 그림자가 공존하는 문제가 곧 전환점이라는 것을, 전환점은 위기이자 기회라는 사실을.

　　'위기를 기회라고 느끼고 싶은가?'
　　'문제를 잘 해결하는 사람이 되고 싶은가?'

　　회복 탄력성을 지닌 사람이 되어야 한다. 본질을 추구하고 뚜렷한 목적의식을 가지고 올바른 방향으로 나아가고 있는지 묻는 사람이 되어야 한다.

문제와 정면 대결하는 사람이 되어야 한다. 도움을 요청하는 것을 두려워하지 말고, 당신의 도움이 필요한 사람에게 기꺼운 마음으로 다가가야 한다.

기억하자. 위기와 기회는 같이 온다.

6
완벽은 이 세상의 언어가 아니다

완벽한 준비가 완벽한 성과를 장담하지는 않는다. 준비와 성과는 복잡하게 얽힌 함수관계이다. 우상향 곡선을 그리면서 성공 가능성을 높여준다는 의미일 뿐, '완벽한 준비 = 완벽한 성과'는 아니다. 하지만 그럼에도 불구하고 많은 사람이 완벽함에 의지한다.

며칠 전 '바이올린의 여제'라고 불리는 정경화를 인

터넷에서 보았다. SBS에서 진행한 토크쇼에서 그녀가 자신의 음악 인생을 풀어놓았는데, 그 내용을 소개한 기사였다. 그녀는 일흔을 넘은 나이에도 현역에서 일하고 있었다. 과거 그녀는 손가락 부상으로 연주를 못하게 되어 5년의 공백을 가지게 되었는데, 이때 음악에 대한 자세가 완전히 달라졌다고 한다. 완벽한 연주를 해야 한다는 강박증 속에서 앞만 보고 달리던 그녀는 힘들어하는 모습을 보이면 약해 보인다는 생각에 아무렇지도 않은 척 버텨왔다고 했다.

그러다가 손가락 부상이 생겼고, 당시 그녀는 자신의 연주 인생은 완전히 끝났다고 생각했다. 하지만 다행히 그녀의 부상은 5년 만에 회복되었고, 다시 무대에 설 수 있게 되었다. 완전히 끝났다고 생각했는데 다시 연주를 할 수 있게 되면서, 그녀는 '완벽한 연주를 보여줘야 한다.'라는 강박감에서 벗어나 자유롭게 연주할 수 있는 사람이 되었다고 고백했다.

분명, 완벽한 연주를 하겠다는 다짐과 행동은 그녀의 연주 인생에 중요한 역할을 했을 것이다. 고도의 집중력을 발휘할 수 있도록 도와주었을 것이며, 수준 높은 연주를 끌어내는 데 일등 공신이었을 것이다. 그렇지만 강박증으로 인해 연주 그 자체에 대한 기쁨, 행복을 놓쳤었다는 그녀의 고백에는 '완벽함'에 대한 중요한 메시지가 담겨있다.

　완벽함을 추구하는 것도 좋지만, 본래의 목적, 의미와 부합되고 있는지 확인해볼 필요가 있다. 완벽이라는 단어에 함몰되어 압박감을 느끼지 않는지도 점검해봐야 한다. 다른 누군가의 시선이나 평가에 신경 쓰다 보면 모든 것이 예민해질 수밖에 없다. 흘려듣는 것 없이 차곡차곡 저장했다가 잘못된 점을 하나라도 더 발견하기 위해 애쓰다 보면 자신을 괴롭히는 도구로 변질될 수 있다. 나아가 지나치게 완벽함을 추구하다 보면 본래의 목적은 물론, 의미와 긍정적인 요소뿐만 아니라 '자기 자신'도 잃을 수 있다.

사람은 세상을 어떻게 인식하고 받아들이느냐에 따라 저마다의 프레임을 완성한 후, 그 프레임을 기반으로 구조와 체계를 만든다. '완벽'이라는 단어도 그 과정에서 받아들인 개념 중의 하나이다. 그런데도 마치 유일한 해석인 것처럼, 완벽한 것은 좋은 것이며 완벽하지 못한 것은 나쁜 것이라고 비판 없이 생각하는 경우가 많다. 완벽함에 대한 새로운 정의가 필요하다.

세상은 불완전 상태에서 출발했으며, 불확실성을 바탕으로 가능성을 넓혀나가고 있다. 애초에 완벽은 이 세상의 언어가 아니었다.

간혹 운동선수 중에서 자신의 기록을 높이기 위해 금지된 약물을 복용했다는 소식을 접할 때가 있다. 완벽한 결과, 완벽한 성과를 향한 프레임이 자신을 스스로 망치는 결과를 초래하는지도 모르고 행동하게 만든 것이다. 주체적인 삶, 정체성을 놓아버리게 만드는 '완벽함'은 경계해야 한다. 차라리 그보다 '노력은 배신하지 않는다.'라는 문장에 기대는 것이 현명하다.

　완벽함은 가능성의 확장이며, 과정적인 산출물이 되어야 한다. 스스로에 대한 믿음이 견고해지고, 작은 성공의 경험을 통해 더욱 큰 경험으로 나아갈 수 있는 밑거름 역할을 해야 한다. 주체적인 삶, 정체성을 놓치는 일에 관여하는 '완벽함'은 단속 대상이다.

7
별을 바라보는 사람이 되어야 한다

오래전 감옥에 갇힌 두 죄수의 이야기를 읽은 적이 있다. 감옥에 갇힌 두 사람은 석방 날짜만 눈이 빠지도록 기다리고 있었다. 지쳐가는 모습이 역력했지만 크게 내색하지 않은 터라 속마음을 알 수 없었다. 어느 날, 비가 많이 온 다음 날이었다. 맑아진 밤하늘을 바라보다가 서로 속마음을 나누게 된다.

"오늘은 달이 더 밝은데? 별이 어제보다 더 많은 것

같지 않아?"

"저기 웅덩이 좀 봐. 물이 더 많아졌어."

"전날 비가 와서 그런지, 하늘이 깨끗해. 웅덩이에도 물이 찬 것 같은데?"

"웅덩이는 왜 저렇게 흙탕물이지?"

"조금 가라앉고 나면 깨끗해지겠지!"

"흙탕물이 깨끗해봤자 거기서 거기지"

"그러지 말고, 하늘 좀 보라니까, 어제보다 별이 훨씬 더 잘 보이지?"

"별이든, 달이든, 어서 내보내 주기나 했으면 좋겠어."

그들의 얘기를 듣고 있는데, "감옥 안에서도 별을 바라보는 사람이 있고, 흙탕물을 바라보는 사람이 있다"라는 글이 생각났다. 동일한 상황, 동일한 조건인데도 불구하고 마치 다른 상황, 다른 조건을 마주한 느낌이었다.

별을 바라보는 사람, 흙탕물을 바라보는 사람.

당신은 무엇을 바라보는 사람인가?

당신은 어떤 사람이 되고 싶은가?

당신은 어떤 사람과 함께 하고 싶은가?

당신은 별을 바라보는 사람을 만나야 한다. 두려움을 이겨내고 희망적인 이야기를 하는 사람과 친구가 되어야 한다. 상상력에 추진력을 달아줄 사람과 마음을 나누어야 한다. 그러나 그 전에 당신이 꼭 기억해야 할 것이 있다. 유유상종(類類相從), '끼리끼리'라고 했다.

희망을 얘기하고 추진력을 달아줄 사람. 과연 그들은 어떤 사람을 만나고 싶어 할까? 그들 역시 자신들과 비슷한 관점과 사고방식을 가진 사람을 원할 것이다. 당연한 일이다.

그러므로 당신이 먼저 준비를 해야 한다. 별을 바라보기 위해 애쓰고, 두려움을 이겨내어 희망적인 이야기를 나눌 수 있는, 상상력에 엔진을 가동할 준비가 된 사람이 되어야 한다.

당신은 아무것도 준비하지 않으면서 '별을 바라보는 사람'을 찾는 것은 어리석은 일이다. 다가가면 다가갈수록 그들은 빛의 속도로 도망갈 것이다.

좋은 사람을 만나고 싶은가?
당신이 먼저 좋은 사람이 되어야 한다.
별을 바라보는 사람을 만나고 싶은가?
당신이 먼저 별을 바라보는 사람이 되어야 한다.

8
확실한 것은 '지금'밖에 없다

톨스토이의 단편소설 「사람은 무엇으로 사는가」에는 제화공 세묜과 천사 미하일라 이야기가 나온다. 천사 미하일라는 하느님의 명령에 따라 세 가지 질문에 대한 답을 찾기 위해 지상에 떨어진다.

"사람의 마음속에 무엇이 있는가?"
"사람에게 주어지지 않은 것은 무엇인가?"
"사람은 무엇으로 살아가는가?"

미하일라는 제화공 세묜과 그의 아내가 자신을 받아들여주는 과정에서 하느님의 사랑을 발견하여 사람의 마음속에 무엇이 있는지 알게 된다. 또한 일 년 동안 찢어지지 않을 장화를 주문한 손님이 다음 날 죽었다는 소식을 듣고 사람에게 주어지지 않은 것이 무엇인지도 알게 된다. 그리고 마지막, 자신이 목숨을 거두어 간 엄마의 아이가 다른 누군가의 손에서 잘 자라난 모습을 보고는 사람은 무엇으로 살아가는지 알게 된 미하일라는 하늘로 돌아간다.

자신이 언제 죽을지도 모르고 일 년 동안 신을 수 있는 장화를 주문한 사람처럼 우리는 언제 죽음과 마주하게 될지 정확하게 알지 못한 채, 유한한 삶을 살아가고 있다. 그런데 아이러니하게도 많은 사람이 마지막 지점을 아는 것처럼, 유한한 삶을 무한한 것처럼 살아가고 있다. 공부 할 때, 일 할 때, 춤을 출 때, 하물며 누군가와 함께 있을 때도 크게 다르지 않다. '지금'이 아니어도 괜찮다는 느낌이다. 언제든 기회가 있을 거라는 생각에 '적당히' 혹은 '나중에'라는 방식이다. 감정을 표현하는 것도 비슷하다. 사랑하는 일, 용서를 구하는 일, 고마움을 표현하는 일까지 굳이 지금이 아니어도 괜찮다는 모습이다. 예고 없는 이별식이 언제 거행될지 모르면서 마치 모든 것을 알고 있는 것처럼 살아가고 있다.

나는 지금 죽음에 관한 얘기를 하려는 게 아니다. '삶'에 관한 이야기를 하려는 것이다. 가장 확실한 이 순간, 당신에게 집중하고, 당신의 삶을 충만하게 만드는 일에 최선을 다하라고 강조하는 것이다. 당장 자리에서 일어나 생각 엔진을 가동하고, 몸을 움직여야 한다. 당신의 오늘, 당신의 인생을 대신 살아줄 사람은 없다. 당신이 움직이지 않는 한, 당신의 삶은 달라지지 않는다. 마음을 표현하는 일에도 '나중'은 없다. 사랑하는 일, 용서를 구하는 일, 고마움을 표현하는 일은 지금, 이 순간에 이뤄져야 한다. 확실한 것은 '지금'밖에 없다. 해야 할 일이 있으면 지금 하고, 마음을 전해야 한다면 오늘 해야 한다.

내일부터 하겠다고?

당신은 내일을 장담하는가?

내일을 장담할 수 없는 나는, 지금 이 순간에 모든 마음을 쏟아붓고 있다.

「사람은 무엇으로 사는가」에는 숨겨진 질문이 몇 가지 있는데, 그중 한 가지가 "우리는 무엇을 위해 살아야 하는가?"이다. 우리는 무엇을 위해 살아야 할까? 나는 '자기 자신'이라고 생각한다. 미하일라가 자신의 문제를 풀어내기 위해 지상에 내려온 것처럼, 우리 모두 '자기 자신의 문제'를 해결하기 위해 살아가고 있다. 공부하고, 일하고, 사랑하고, 춤을 추면서, 땀을 흘릴 일이 있으면 땀을 흘리고, 기다려야 하는 상황이면 기다림의 시간을 견디면서 '자기 자신을 위한 삶'을 수행하고 있다. 자기 자신을 위한 삶에 내일은 없다. 확실한 것은 지금밖에 없다.

9
두려움과 싸울 필요는 없다

두려움은 원하는 방향으로 이뤄지지 않을 것을 염려한 마음에서 생겨난다. '모든 것이 뜻대로 되지 않을 수 있다'라는 조심성이 부추긴 허상이다. 문제는 두려움은 비슷한 자극이 반복될수록 더욱 막강해진다는 점이다. 우리는 이렇게 막강한 두려움을 어떻게 상대해야 할까?

두려움이란 감정은 무찔러서 없앤다고 사라지지 않

는다. 원하는 것이 있는 한, 바라는 마음이 있는 한, 샘솟듯 계속 솟아난다. 수시로 형태를 바꾸어 다양한 각도에서 말을 걸어온다. 오히려 두려움은 언제든지 생겨날 수 있는 감정이라고 받아들이는 것이 훨씬 현명하다. 두려움을 감지한 순간, 어떤 행위를 해야 한다면, '인정하기'를 추천해 주고 싶다. "지금 두려움을 느끼고 있구나?"라고 스스로 먼저 아는 척을 하는 것이다.

"두렵지 않아. 두렵지 않아. 두렵지 않아"라고 반복적으로 되새기는 것은 의미 없다. '두렵지 않아'를 외치는 동안, 오히려 '두려움'이라는 단어만 계속 머릿속에 심어주는 결과가 된다. 두려움을 느끼고 있다는 사실을 인정하고 받아들여 주는 것이 가장 중요하다. 그렇게 '인정하기'가 끝나면 다음은 '공감하기'이다.

"그런 일로 두려워?"가 아니라 "두려울 수 있지!"라는 말로 적극적으로 공감해 주는 게 중요하다. 속이 상할 때, 울고 싶을 때 '괜찮아'라는 말보다 함께 속상해하고 울어주는 것이 더 큰 도움이 되는 것처럼, "두려울 수 있지"라는 말로 공감을 표시해야 한다. 공감은 해결할 수 없다고 여겨지는 문제를 해결할 수 있는 문제로 받아들일 수 있도록 도와준다. 공감받은 감정은 오래 머물지 않는다. 투정 부리거나 하소연을 하지도 않는다. 한참 울고 나면 조금씩 마음이 진정되면서 차분해지는 것처럼, 두려움 또한 저절로 가라앉으면서 조금씩 옅어진다.

두려움과 싸우려고 하지 마라. 안전할 때 지루함을 느끼는 것처럼, 바라는 것이 있는 한, 시도하기를 꾸준하게 이어나가는 한, 두려움은 계속 생겨날 수밖에 없다. 두려움이 생겼다는 것은 '지금 당신이 무언가를 하고 있다'라는 반증이기도 하다. 두려움은 언제든 생겨날 수 있다. 두려움이 다가오는 소리가 들려오면 차라리 먼저 아는 척해라. "지금 두려움을 느끼고 있구나?"라고.

주체적인 삶, 정체성을 놓치는 일에 관여하는
'완벽함'은 단속대상이다.

MIND

제1부 시작을 두려워하는 당신에게

[두려움을 줄여주는 문장 외우기]

1. 생각보다 많은 것을 실패로부터 배웠음을 기억하자

2. 나를 거절한 것이 아니라 '나의 제안'을 거절한 것이다

3. 단 한 번의 실패로 모든 것을 잃는 경우는 많지 않다

4. 불확실한 것에 대한 두려움은 모두 똑같다

5. 현재 상황을 '일의 전부'라고 받아들이지 말자

6. 완벽한 준비가 완벽한 성과를 장담하지는 않는다

7. 내가 먼저 좋은 사람이 되어야 한다

8. 확실한 것은 지금밖에 없다

9. 꾸준하게 시도하는 한, 두려움은 계속 생겨날 수밖에 없다

10. 어차피 해야 하는 일, 지금 하자

마음의주인이 되고 싶은 당신에게

MIND

1
자연은 가장 위대한 스승이다

우리 삶에는 자연을 본떠 만든 것들이 많다. 자연에서 영감을 얻고, 힌트를 얻어 탄생한 발명품이 많다. 자연법칙을 근거로 인문학을 설명하기도 하고, 성장 가능성에 대한 희망 또는 불확실성, 위기에 대한 해답을 자연 속에서 얻기도 했다.

계절의 변화 속에서 우리는 자연의 조절력을 배워야 한다. 시작되고, 솟아오르고, 차고 넘치기를 기다렸다가 어떤 미련도 없다는 듯 흔적을 지우는 일련의 과정을 통해 포르투나(Fortuna)와 비르투(Virtu)를 경험해야 한다. 순응과 용기라는 큰 테두리 안에서 유기적으로 연결되어 서로에게 도움이 되는 방향성을 유지하는 모습을 놓치지 않아야 한다. 「자연은 위대한 스승이다」라는 책 제목 그대로, 진실로 자연은 위대한 스승의 역할을 묵묵히 해내고 있었다.

당신은 자연법칙에 동의한 삶을 살아가고 있는가? 봄에 뿌린 것이 있을 때 거두어들일 수 있는 것처럼, 행위가 의미를 낳고, 의미가 결과를 끌어낸다는 마음으로 주어진 시간을 마주하고 있는가? 봄, 여름, 가을, 겨울과 같이 기승전결로 흘러가는 감정의 생로병사를 인정하는가? 자연이 겉옷을 벗기 시작할 때면, 화려한 무게를 장식하던 것을 내려놓고 한결 가벼워진 옷차림으로 길을 나서는가? 순간의 완성으로 시간이 채워진다는 것을 인정하는가?

호주 원주민인 참사랑 부족의 「무탄트 메시지」는 자연을 대신해 참사랑 부족이 문명인에게 가르침을 전하는 책이다. 그들은 태어난 것 이상으로 나아가는 것을 축하했고, 지구상의 어떤 것도 이유 없이 만들어지시 않았다고 얘기한다. 감사하는 마음에 어떤 형식적인 요소를 발견할 수 없는 참사랑 부족은 모든 일에서 긍정성을 발견해낸다. 자연과 조화를 이루며 살아가는 그들은 매 순간을 하나의 작품으로 완성한다.

"이제 나는 우리가 저마다 두 개의 삶을 갖고 있다는 것을 안다. 하나는 무엇인가를 배우는 삶이고, 또 하나는 배운 대로 사는 삶이다."

작년보다 올해 훌륭하고 지혜로운 사람이 된 것을 축하하는 참사랑 부족. 자연에서 배우고, 배운 것을 실천하면서 살아가는 참사랑 부족.

그들이 지금 우리에게 묻고 있다.

"당신은 어디에서 배우고 있는가?"

"당신은 무엇을 배우고 있는가?"

"당신은 배운 것을 실천하며 살아가고 있는가?"

2
인류는 비판보다 긍정을 선택했다

되든 안 되든, 될 것 같든, 안 될 것 같든 당신은 "될 것 같아"라고 말하는 사람이 되어야 한다. 정확하게 알지 못해 섣부른 판단으로 원하지 않는 결과를 마주할 수도 있지만, 그럼에도 불구하고 긍정적인 말을 하는 사람이 되어야 한다. 부정적으로 말하는 사람들이 지닌 비판적 사고 능력을 갖추지 못했더라도, 그럼에도 불구하고 긍정적인 말을 하는 사람이 되어야 한다.

인류는 '비판'보다는 '긍정'을 바탕으로 여기까지 왔다. 당신도 다르지 않다. 당신의 성장 과정에는 '비판'보다 '긍정'이 더 중요한 역할을 했다. 가정, 학교, 사회에서 당신에게 보낸 긍정의 메시지가 양분이 되어 이곳까지 올 수 있도록 도와주었다. 옳고 그름을 가리거나, 시시비비를 가리는 방식이 아닌 포용과 배려의 정신이 더 큰 힘을 발휘했다. 이해관계를 따지기보다 '믿는 마음'으로 지켜봐 준 사람들의 힘이 더 큰 영향력을 미쳤다. 당신은 그 사실을 기억해야 한다.

사피엔스는 아프리카를 시작으로 유럽, 아시아로 긴 여정을 이어나갔다. 그들을 움직인 동력은 지금보다 더 좋은 상황을 만들고 싶다는 갈증이었다. 지금 당신이 겪는 마음도 다르지 않다. 지금보다 더 좋은 상황에 대한 갈증은 근원적인 과제이며, 평생의 과업이다. 긍정성은 날개가 되어 줄 수 있지만, 부정성은 날개를 만들어주지 못한다. 긍정성을 회복하여 갈증을 해소해나가야 한다.

동일한 사건을 두고 부정적으로 이야기하는 사람과 긍정적으로 이야기하는 사람이 있다고 가정해보자. 서로의 의견에 대해 교환했고, 그들은 각자 동일한 사건을 완벽하게 다르게 바라보고 있음을 알게 된다. 어느 정도 시간이 흐른 후, 사건은 마무리되었고, 결과가 나왔다. 부정적으로 말한 사람의 승리였다. 그가 말한다.

　"말이 맞잖아. 안 된다고 그랬지?"

　곁에 있던 사람이 얘기한다.

　"네 생각이 맞았어. 이번에 무엇을 놓친 거지?"

　두 사람의 대화 속에서 아주 중요한 질문 세 가지를 유추할 수 있다.

　"부정적인 결과가 나왔다고 해서, 달라지는 것은 무엇인가?"

　"부정적인 결과가 나올 때까지 두 사람은 어떤 방식을 고집했을까?"

　"5년, 10년 후 두 사람은 어떤 모습일까?"

뇌 과학은 '우리의 뇌는 반복하는 것을 좋은 것으로 이해한다.'라고 설명하고 있다. 부정적인 에너지를 계속 넣어주면 부정적인 방향으로, 긍정적인 에너지를 심어주어 긍정적인 방향으로 성장한다고 얘기한다. 비판적 사고능력을 바탕으로 부정적인 면을 바라보는 사람, 긍정적인 태도를 유지하기 위해 노력하는 사람의 일상이 다르고, 5년 또는 10년 후 완전히 다른 사람이 되는 것은 결코 이상한 일이 아니다. 반복하면 강화된다. 부정적이든, 긍정적이든.

지금 당신은 어떤 방향으로 나아가고 있는가?
지금 당신은 어떤 말을 하고 있는가?

"내 말이 맞잖아. 안 된다고 그랬지?"
"네 생각이 맞았어. 이번에 무엇을 놓친 거지?"

3
매일 배우는 사람이 되어야 한다

당신 인생 전체를 두고 도전해보고 싶은 일이 있는가? 사회적 기준이나 학력에 따라 정해놓은 순서가 아닌 당신과의 대화를 통해 정해놓은 방향이 있는가? 누군가의 평가에 따라 이동하는 것이 아니라 당신의 생각을 바탕으로 상상의 날개를 펼쳐 본 경험이 있는가?

'불가능할 것 같은데'라는 생각을 밀쳐두고 '그래도

노력하면 가능하지 않을까?'라는 마음으로 시도하는 삶을 살아가고 있는가? 이미 많은 것을 알고 있다는 생각에서 벗어나 아직 모르는 것이 많다는 생각으로 배우는 삶을 실천하고 있는가? 현실에 안주하지 않고 상상의 힘에 관해 이야기 나누고, 각자의 날개를 펼칠 수 있는 도와주는 사람과 함께하고 있는가?

그렇다면 당신은 창조자의 길을 가고 있다. 누군가를 이기기 위해 살아가지 않고 있으며, 누군가에게 당신을 증명하기 위해 살아가지 않는 당신은 이미 창조자이다.

"경쟁하는 생각을 버려야 한다. 우리가 추구해야 할 일은 기존의 것들을 얻기 위해 경쟁하는 것이 아니라 새롭게 창조하는 것이다. 경쟁자가 아니라 창조자가 되어야 한다. 창조를 통해 우리가 원하는 것을 갖게 되면 다른 많은 사람도 그 혜택을 보기 때문이다. 경쟁이 아닌 창조에 의해 부자가 될 수 있도록 가르쳐야 한다."

월러스 워틀스의 「부자가 되는 과학적 방법」은 부자가 되고 싶은 사람들에게 어떻게 생각하고, 행동하면 부자가 될 수 있는지를 알려준다. 끌어당김의 법칙을 통해 원하는 부를 얻을 수 있다고 얘기하는 저자는 창조자의 길을 거듭 강조한다.

"과거의 성과에 매달리지 말아야 한다."
"겉모습에 현혹되지 않고 진실을 봐야 한다."
"남의 것을 빼앗거나 다른 사람보다 높은 위치에 가야 한다는 생각에서도 벗어나야 한다."
"경쟁자가 아닌 창조자의 길을 가야 한다."

나는 '읽고 쓰는 행위'를 통해 밥도 먹고, 생활에 필요한 물품을 사고, 여행도 다닌다. 하지만 나는 국문과나 문예창작과를 졸업하지 않았다. 그저 고전문학을 읽으면서 사람을 이해하기 위한 시간을 보냈고, 역사

와 철학책을 통해 어떻게 살아왔는지, 앞으로 어떻게 살아가야 하는지를 적극적으로 고민했을 뿐이다. 과학과 기술의 발명에 따른 혜택을 누리게 되면서 세상에 대한 고마움을 느꼈고, 과정적으로 얻은 것들에 대해서는 어떤 형식으로든 환원해야 한다는 생각에 이르렀을 뿐이다.

여기까지 상상하는 것은 어렵지 않았다. 하지만 그다음부터 쉽지 않았다. 드러낼 만한 것이 없었고, 가진 것이 없었다. 논리적으로 접근할수록 한계라는 단어가 떠올랐고, 가능성을 믿고 싶었으나 불가능이 먼저 생각났다. 새로운 방법이 필요했다. 상황을 극복하고 긍정성을 회복할 무언가가 필요했다.

'무엇을 해야 할까?'
'이제 어쩐다?'

나는 모든 것을 다시 처음으로 되돌렸다. 제일 많은

시간을 투자하고, 제일 잘하고 싶은 일, 그러니까 '읽고 쓰는 행위'로 복귀했다. 운동선수가 근육을 만들고 땀을 흘리는 것처럼 더욱 적극적으로 매달렸다. 알고 있는 것이 하나밖에 없는 사람처럼.

이미 습관으로 만들어진 부분도 많았지만, 나도 모르게 만든 울타리나 한계를 뛰어넘기 위해서는 또 다른 힘이 필요했다. 어디선가 들려온 '노력하지 않을 것 같으면 차라리 포기를 해!'라는 매몰찬 목소리가 당황스러웠지만, 목소리의 주인공을 만나보고 싶다는 마음으로 자리를 옮기지 않았다. 어느 정도의 시간이 흘렀는지, 몇 년의 시간을 보냈는지 모르겠다. 그러던 어느 오후의 일이다. '알아야 할 게 많아 큰일이야.'라고 조바심을 내는 나를 향해 '매일 배우면서 살아가야 하는데 모르는 것이 있는 게 당연하지.'라는 차분한 목소리가 들려왔다. 그리고 곧이어 '포기하지 않으면 언젠가는 닿는다.'라는 말과 함께 거인이 모습을 드러냈다.

아주 오래전에 헤어진 친구를 다시 만난 것처럼 거인은 나에게 악수를 건넸고, 거인은 자신의 어깨를 내주었다.

"어떻게 하면 창조적인 삶을 살 수 있을까요?"
"어떻게 하면 상상력을 발휘하며 자신이 원하는 삶을 살 수 있을까요?"

가장 많이 받았던 질문이다.
그 질문에 대한 나의 대답은 여전하다.

"당신이 제일 많이 애정을 쏟는 일은 무엇인가요? 당신 인생을 걸고 잘해보고 싶은 일이 있나요? 만약 그런 것이 있다면, 원하는 것을 이루기 위해 지금 당신이 할 수 있는 방법을 찾아 시작해보세요. 그리고 이미 시작했다면 열심히 하세요. 그것도 아주 열심히. 자신을 감동하게 하고, 하늘도 감동하게 할 만큼. 그리고 계속 배움을 이어나가세요. 책상 앞에서 공부해도 되고, 세상 속에서 배워도 됩니다. 평생 배운다는 마음으로, 배움에 익숙한 사람이 되세요. 그렇게 꾸준히 걷다 보면 길이 보일 것입니다. 제가 여기까지 그렇게 왔거든요."

4
겸손은 사람을 움직인다

"저렇게 자기주장이 없어서야……"
"남의 말을 듣기만 해서야……"

"겸손할 줄 모르는 사람이구나!"라는 말에 화들짝
놀라지 않는 세상이 되었다. 자기 PR의 시대, 겸손은
매력적인 미덕이 되지 못하고 있다. 겸손하면 큰일 난
다고 생각하는 사람도 많다.

또렷한 주장이 없거나 자신을 드러내지 않으면 소심

하고 부족한 사람으로 보이는 시대이다. 어찌 된 일일까?

국어사전을 살펴보면 '겸손이란 남을 존중하고, 자기를 내세우지 않는 태도가 있음'이라고 정의되어 있다. 지식백과에는 '자신(마음)을 낮추며 상대방을 인정하고 높이는 욕심 없는 마음 상태'라고 정리되어 있다. 약간 차이가 있지만 '다른 사람을 존중하고 나를 내세우지 않는 모습'이라는 말할 수 있다. 그런데 어찌 된 일인지 겸손이 지닌 좋은 의미는 사라지고 겸손한 사람은 자기주장이 없는 사람, 소심한 사람, 남의 의견을 따르기만 하는 사람으로 이해되고 있다.

"다른 사람을 존중한다는 것은 그들을 무조건 따른다는 의미일까?"
"내세우지 않는 모습이 주장이 없고 소심하다는 말과 동의어일까?"

성공한 사람 중에는 겸손한 사람이 많다. 의도했든,

그렇지 않든 겸손한 모습을 보인다. 신문 기사를 봐도 그렇고, 인터뷰를 봐도 그렇고, 책을 읽어도 비슷하다. 자신의 노력과 과정을 알아차려 주길 바라고, 강력한 리더십을 주장하는 모습보다 함께 걸어와 준 동료, 그들과의 시너지에 고마워하는 겸손한 모습을 보인다.

"제가 운이 좋았어요."
"함께해 주신 분들 덕분이에요."

성공한 사람들은 왜 저런 말을 할까? 그들은 자기 PR 시대라는 것을 모르는 걸까? 그게 아니다. 그들은 무엇이 가장 중요한지 명확하게 알고 있을 뿐이다. 스스로에 대한 믿음, 신뢰를 바탕으로 살아가지만 혼자 모든 일을 해낼 수 없다는 사실을 알고 있다. 여러 개인의 합이 뛰어난 한 명보다 높은 성과를 낸다는 것을 알고 있기에 자기 생각을 강요하거나 모든 것을 알고 있다는 태도로 덤벼들지 않을 뿐이다. 그들의 생각과 태도에는 유연함이 묻어있다. 적절한 타이밍에 의견을 제시하지만 다른 사람이 더 바른 판단을 할 수 있다는 생각을 놓치지 않는다.

> "결과를 만들고 싶다면, 사람의 마음을 움직여라. 풀리지 않는 문제의 열쇠는 사람이다."

「사람의 마음을 움직이는 힘」이라는 책에 나오는 문장이다. 저자 스티브 심스는 영국의 가난한 동네에서 벽돌공으로 태어났지만 전 세계의 1%를 고객으로 둔 회사 블루피시의 창업자가 된다. 「사람의 마음을 움직이는 힘」은 그가 사람들이 원하는 파티와 행사를 기획하고, 그것을 성사시키는 과정에서 경험한 모든 것을 정리한 책이다. 저자는 어떠한 비법도 영원히 통할 수 없으며, 신뢰감을 바탕으로 진정성 있게 다가가는 것이 핵심이라고, 서로의 강점을 공유하고 책임을 나누는 운영 방식으로 진행하면 누구나 최고의 결과를 끌어낼 수 있다고 강조한다.

스티브 심스, 그 또한 겸손의 달인이었다.

겸손은 하루아침에 완성되지 않는다. 물러설 때와 다가갈 때를 구분할 수 있어야 하고, 해야 할 말과 하지 않아도 될 말을 가려낼 수 있어야 한다. 겸손에는 '겸손'만 있지 않다. 겸손에는 마음이 있고, 사람이 있으며, 관계가 숨어있다. 겸손은 마음을 움직이고, 사람을 움직이고, 관계를 움직인다.

5
당신의 삶에 사랑을 새겨 넣어야 한다

"하고자 하는 방향으로 일이 잘 풀리지 않을 때, 무언가 뜻대로 되지 않는다고 여겨질 때, 막막하고 답답한 기분에 둘러싸여 있을 때, 우리는 어떤 질문을 던질까요? 일이 잘 풀리고 있을 때, 예상하지도 않은 좋은 일이 생겼을 때, 아무 문제가 없다고 느껴질 때, 이럴 때 절대 생각나지 않는 질문은 무엇일까요?"

가끔 강연이나 수업 시간에 던지는 질문이다.

아리송한 얼굴로 서로를 향해 미소 보내고 있을 때, 웃으면서 대답해 준다.

"나는 잘 살고 있는가? 동의하세요?"

최인철 교수는 그의 책 「굿 라이프」에서 우리 모두 개별적으로, 주관적으로 살아가는 것 같지만, 어느 순간 자연이라는 커다란 배경화면 위에 펼쳐진 하나의 그림이었음을 알게 된다고 얘기한다. 완벽하게 개별성을 확보하며 살아왔다고 믿고 있겠지만, 유기적으로 하나로 연결되는 상황과 마주하게 되면서 인생의 비밀을 발견하게 된다고 말한다.

"나이가 들면 누구나 작가가 된다. 살아오면서 경험과 이야기 소재가 다양해졌기 때문이기도 하지만, 시간이 얼마 남지 않았다는 생각은 우리 삶의 무게 중심을 재미로부터 의미로 옮겨가게 만든다. 나이가 들면 일상의 모든 행위에서 의미를 발견한다. 세상에 우연이란 없다고 믿게 되며, 지금의 나는 무한히 얽히고설킨 사건과 인연을 통해 존재하게 되었음을 깨닫게 되고, 실패에서도 교훈을 발견하게 된다. 그리하여 인생이 하나의 스토리임을 깨닫게 된다."

'누구나의 인생 그리고 저마다의 인생'이라는 말을 자주 사용하고 있다. 그리고 어느 순간부터는 '사랑'이 인생의 키워드가 되었다. 여기에서 사랑은 단순히 남녀 간의 사랑이 아니다. 함께 숨 쉬며 살아가고 있는 세계와의 조화이며, 문제를 해결하는 실마리이자 존재에 대한 가치를 확인하는 방법이다.

세상에 자신의 삶을 사랑하지 않는 사람은 없다. 각기 다른 풍경 속에서 주연이 되었다가, 조연이 되는 과정에서 저마다 초상화를 완성해나가고 있다.

당신은 기억해야 한다. 모든 사람이 누구나의 인생 위에서 저마다의 인생을 완성해나가고 있는 당신의 동지라는 사실을.

당신은 사랑을 실천해야 한다. 인문학의 '문(文)'에는 '새겨 넣는다'라는 의미가 포함되어 있다. 「지금 사랑하지 않는 자, 모두 유죄」라고 말한 노희경 작가의 안목은 탁월했다. 당신의 삶에 '사랑'을 새겨 넣어야 한다. 당신과 마주하고 있는 사람의 삶에 '사랑'을 새겨 넣고 있는지 살펴봐야 한다.

당신과 당신의 삶에 사랑이 흘러야 한다.

6
어떤 상황에서도 주인이 되어야 한다

집을 바꾸려고 했을 때, 대출에 대해 걱정을 하지 않을 수 없었다. 그렇지만 두 아이가 자라면서 여유 공간이 생기지 않았고, 남편과 나의 책상은 거실, 부엌, 베란다로 계속 쫓겨 다녀야 했다. 방법이 필요했다. 이사를 결심했고, 어느 정도의 대출이 필요한지 계산기를 두드렸다. 감당할 수 있을 만큼의 대출을 안고 집을 옮겼다. 그때 나에게 던진 최초의 질문은 이것이었다.

"이후, 나에게 생겨날 수 있는 최악의 시나리오는

무엇일까?"

지인이 얼마 전 용기 내어 사무실을 오픈했다. 임대료 부담이 컸지만, 은행 대출이자보다 임대료가 높다는 사실에 그는 과감한 결정을 내렸다. 임대료를 내는 것이 아닌 대출원금과 이자를 갚는 방식을 택하기로. 자신이 감당할 수 있는 모든 돈을 끌어모았고, 나머지는 은행 대출을 이용했다. 사무실을 오픈한 후, 커피를 같이 마실 때였다. 그가 말했다.

"이번에 사무실 오픈 준비를 하면서 가장 많이 했던 질문이 무엇이었을 것 같아요? '나에게 생겨날 수 있는 최악의 시나리오는 무엇일까?'였어요."

새로운 도전을 준비하고 있는가?
지금까지 해오던 일을 멈추어야 할 상황을 만났는가?
예상하지 못한 상황에 어려움을 겪고 있는가?
만약 그런 상황에 놓여 있다면 최악의 시나리오를

떠올려보라고 조언해 주고 싶다. 일어날 수 있는 최악의 시나리오는 무엇일까? 감당할 수 있는 최대치는 어디까지일까? 만약 그렇게 일이 진행되었을 때 얻을 수 있는 것은 무엇이며, 잃게 되는 것은 어떤 것일까?

사람은 누구나 스스로 할 수 있는 것이 없을 때 두려움을 느끼고 힘들어한다. 통제할 수 없는 상황과 마주하면 불안감을 느낀다. 시도하고 도전하는 것을 꺼리는 이유도 거기에 있다. 굳이 통제할 수 없는 힘들고 어려운 상황을 마주하고 싶지 않은 것이다. 하지만 조금이라도 할 수 있는 게 있다면, 약간의 가능성이 열려 있는 경우라면 마냥 우울함을 호소하며 뒷걸음치지 않게 된다.

최악의 시나리오를 생각해 보라는 것은 단순히 용기를 심어주기 위한 말이 아니다. 관점의 변화를 통해 행동에 힘을 실어주기 위함이다.

모든 것을 알고 있었던 사람처럼 평정심을 발휘할 수 있도록 예행연습을 해 보라는 의미이다. 그리고 진짜 두려워하는 것이 무엇인지 파헤쳐 보라는 의미가 크다. 하지만 무엇보다 '어떤 상황에서든 주인처럼 행동해야 한다.'라는 메시지가 핵심이다.

7
생각은 스스로 자라지 못한다

글쓰기 수업에 참여하는 이유 중에 '말하기를 잘하고 싶어요.'라는 분이 많다. 글을 써야 할 때보다 말을 잘해야 하는 경우가 많은데, 막상 말하려고 하면 머릿속이 하얘지면서 정리가 되지 않고, 잠시 멈칫거리다 보면 횡설수설하게 된다고 했다. 그러면서 나중에는 급기야 자신이 무슨 말을 하려고 했는지조차 기억나지 않는다고 호소했다. 스피치 학원에서 훈련도 받아봤지만, 쉽게 고쳐지지 않아 고민하던 중 글쓰기가 도움이 된다는 얘기를 듣고 찾아왔다고 했다.

생각이 입으로 나오면 '말'이고 손으로 나오면 '글'이
다. 어떤 상황에 놓여 있는지, 어떤 방식으로 표현해야
하느냐에 따라 약간의 차이는 있겠지만, 아주 특수한
상황을 제외한다면 말하기와 글쓰기에 앞서 가장 먼저
질문해봐야 할 것이 있다.

"당신의 생각은 무엇인가?"
"당신은 지금 무슨 말을 하고 싶은가?"
"당신이 전달하고 싶은 메시지는 무엇인가?"

이미 알아차렸겠지만, 말을 잘하는 비결과 글을 잘
쓰기 위한 비결 모두 '당신의 생각'에 달려있다. '생각'
은 당신이 생각하는 것보다 훨씬 강력하다. 생각이 곧
당신이다. 당신이 세계를 이해한 방식이며, 지금 당신
을 이루고 있는 모든 것을 설명한다. 말과 글은 하나의
형상에 불과하다. 만약 당신이 가볍고 의미 없는 것들

로 생각을 채우고 있다면, 단순히 '생각'의 차원이 아니다. 어쩌면 당신은 자신을 가볍고, 의미 없는 존재로 여기고 있을 확률이 높다. 문제를 해결하는 과정에서 부정성이 강한 결론을 내리는 당신이라면, 당신의 말과 글은 부정성을 피하기 어렵다.

생각은 당신의 집이다.

우리는 "생각을 바꾸면 행동이 바뀌고, 행동을 바꾸면 인생이 바뀐다."라는 말을 알고 있다. 하지만 그 힘에 대해서는 깊게 생각하지 않는 분위기이다. 어느 인디언 추장과 손자가 나눈 유명한 일화를 알고 있을 것이다. 인디언 추장은 손자에게 마음속에는 선과 악, 두 마리의 늑대가 함께 살고 있다고 얘기했고, 손자는 어떤 늑대가 이기는지 궁금하다고 질문했다. 손자의 궁금함에 대해 인디언 추장은 대답한다.

"네가 먹이를 주는 놈이 이긴단다."

"당신은 어떤 먹이를 주고 있는가?"

"어떤 생각이 먹이를 받아먹으면서 자라고 있는가?"

생각은 스스로 자라지 못한다. 누가 대신 만들어주지도 못한다. 오로지 당신이 넣어준 것만 받아먹을 뿐이다. 스스로 디자인할 줄도 모른다. 마치 아이처럼 당신이 만들어주는 공간, 당신이 보여준 세계를 먹고 자란다. 당신은 디자이너가 되어야 한다. 당신의 생각을 연구하고, 개발하는 디자이너가 되어야 한다. 불필요한 것을 제거하고, 빠진 것이 있으면 보충하는 일에 책임감을 느껴야 한다.

생각을 원망할 일이 아니다.

생각은 당신을 따른다.

8
너무 머리만 믿으면 안 된다

머릿속이 복잡하다는 이유로 계획했던 아이 방 청소를 자꾸 미루었다. 아무것도 하지 않고 싶다는 마음에 애써 외면했다. 몸이 아프다거나 특별한 문제가 있었던 것은 아니었다. 그냥 하고 싶지 않았다. 하지만 몇 주째 계속 미뤄왔던 터라 도저히 이번에는 미루면 안 될 것 같았다. 쉽지 않았다. 그럼에도 불구하고 억지로 몸을 일으켜 세웠다. 일단 아이 방에 가서 창문을 열고 바람을 집안으로 불어넣었다. 어떻게 해야겠다는 계획조차 없었던 터라 막막한 기분이었다. 하지만 그것도 잠시, 나도 모르게 책장의 책을 바닥으로 내려놓고 있었다. 기준도 없고, 방향도 없이 그냥 방바닥에 잔뜩 쌓았다. 한참 동안 책을 내리다가 문득 방바닥을 바라보았는데, 순간적으로 전혀 예상하지 못한 말이 튀어나왔다.

"이제는 되돌릴 수도 없겠는걸?"

진짜 방 청소는 그때부터 시작되었다. 어쩔 수 없이 내려진 책 중에서 필요 없는 책을 분리하고, 뒤섞여 있는 책은 영역별로 분류했다. 책 사이에 끼워져있던 사용하지 않는 장난감은 분리수거함에 넣고, 때가 잔뜩 묻은 것은 쓰레기봉투로 직행했다. 버리고, 쓸고, 닦고 어느 정도의 시간이 흘렀는지 잘 모르겠지만 하여간 책장, 책상까지 청소를 끝냈다. 한숨 돌릴 겸, 물 한 잔을 들이켜는데 내 책상이 눈에 띄었다. 복잡한 머릿속을 증명이라도 하듯 한껏 어지럽혀져 있었다. 초고 쓴다고 챙겨놓은 책부터 수업 준비용, 블로그 포스팅을 위한 책까지 높은 담벼락을 이루고 있었다. 몸은 피곤했지만, 내친김에 내 책상까지 함께 정리했다. 모든 정리를 끝낸 다음, 커피 믹스를 한잔 들고 베란다로 나갔다. 의자에 몸을 기대었다.

'그래, 이렇게 하는 거였어. 복잡하다고, 힘들다고 계속 미룰 게 아니라, 그냥 일단 몸을 움직이는 거야. 몸을 움직이고 나면 생각이 따라 움직이잖아. 가끔은 머리 말고 몸을 믿어야 해. 특히 머릿속이 복잡할 때는 더욱 그럴 필요가 있어.'

상황을 바꿀 수 없다면 마음을 바꿔야 한다. 하지만 마음을 바꾸는 일이 그리 쉬운 일은 아니다. 만약 마음을 바꾸는 것이 어렵다면 마지막 희망은 '당신의 몸'이다. 몸을 이동시켜라. 공간을 바꿔 다른 세계에 옮겨놓으면 몸은 적응하기 위해 움직이기 시작할 것이고, 움직이는 순간 에너지를 만들어낸다.

에너지는 기운을 만든다. 몸이 호의적인 상태가 되면 마음은 저절로 따라온다.

"하기는 해야 하는데⋯⋯"
"오늘 말고 다른 날 하지 뭐⋯"
계속 미루는, 미루는 것에 대해 고민에 빠진 당신에게 해주고 싶은 말은 이것이다.

"너무 머리만 믿지 말고, 몸을 움직여!"

9
당신은, 당신을 배팅해야 한다

뭘 해도 잘되지 않는다고 느꼈던 시절이 있었다. 발버둥을 치면 칠수록 늪 속으로 빠져드는 기분이었다. AUTOCAD 자격증을 준비할 때였다. 흥미가 생겼고, 뭔가 잘할 수 있을 것 같다고 생각했다. 무엇보다 취업에 도움 된다는 얘기에 솔깃했다. 하지만 필기시험 합격 후, 연달아 실기 시험에 떨어졌고, 실습을 겸한 회사 생활은 만족감을 안겨주지 못했다. '버티는 것이 곧 이기는 것이다.'라는 말은 귀에 들어오지 않았다. 나를 힘들게 만드는 조건이 하나 더 늘어난 느낌이었다. 그러면서 생각했다.

'내가 하는 게 다 그렇지 뭐!'
'여기가 내가 할 수 있는 전부인 것 같아.'

무슨 이유에서인지 모르겠지만, 당시 내 모습을 하나로 설명하면 '조급함'이었다. 번역사 시험 준비를 하다가 뜬금없이 아르바이트를 시작했다. 쓸모를 인정받고 싶다는 마음은 조급함을 부추겼고, 실속 없는 사람처럼 바쁘게 뛰어다니게 했다. 제대로 된 수확은 없었다. 결과는 참담했다. 나에 대한 의심은 더욱 높아졌고, 변명과 합리화로 나를 보호할수록 오히려 상실감만 커졌다. 누구도 대놓고 얘기하지 않았는데, 세상과 주변이 온통 나에게 이렇게 말하는 것 같았다.

'넌 실패했어. 언제나 시작만 잘하는 사람이었지. 역시 넌 안 돼!'
용두사미(龍頭蛇尾)의 대표 선수였음을 지금은 인정

한다. 하지만 그때는 절대 인정할 수 없었다. 그것은 나를 포기한다는 의미였고, 인생의 낙오자라는 사실을 받아들인다는 의미였다. 아무렇지도 않은 척, 세상에 관심 없는 척 행동했다. 하지만 나도 모르게 자주, 참 많이 내뱉었다.

'내가 하는 게 다 그렇지 뭐!'
'여기가 내가 할 수 있는 전부인 것 같아.'

돌이켜 생각해 보면, 처음부터 이길 수 없는 싸움이었다. 잘 할 수 있는 것, 좋아하는 것, 관심 있는 것에 대한 개념 정리조차 없이 나중에 도움이 될 거라는 말, 이렇게 하면 돈을 잘 벌 수 있다는 얘기, 적당히 일하고 적당히 돈 벌면서 사는 게 인생이라는 조언에 무임 승차했다. 가치, 사명, 인생에 대한 목적의식에 대해서는 한 번도 진지하게 생각해 보지 않았다.

그러나 지금은 아니다. 몇 년 전, 그날 이후부터는.

그날이 어떤 상황이었는지, 어디에서 글을 썼는지, 집 분위기가 어떠했는지 명확하지 않다. 하지만 마지막으로 제목을 수정하면서 뜨거워졌던 생각, 느낌은 아직도 또렷하게 기억난다. 그날 썼던 글의 제목은 "나는 나를 배팅한다"였다.

그날, 내 안의 심판자에게 항복을 받아냈다. 착각에 빠져 생활했다는 것과 잘못된 생각으로 상황을 더욱더 어렵게 몰아가고 있다는 사실도 찾아냈다. 지나온 발자국에 대한 제대로 된 평가서를 발급하면서 동시에 새로운 생각을 머릿속에 심어준 날이었다. 부정적인 상황을 먼저 생각하던 버릇과도 이별했다. 그러고 난 후, 정말 많은 변화가 나를 찾아왔고, 덕분에 여기까지 올 수 있었다.

"당신은, 당신을 배팅하면서 살아가고 있는가?"
당신도 나와 같은 변화를 누릴 수 있다. 아직 기회를 만나지 못했을 뿐이지 가능성은 충분하다. 그래서 당신에게 기회를 만들어주려고 한다. '나도 나를 배팅하면서 살고 싶어.'라는 마음에 힘을 실어주고자 한다. 지금부터 전개될 이야기를 실천한다면, 당신은 분명 성공적인 배팅을 하게 될 것이다.

첫 번째, 어떻게 살아가고 있는가?

우선 지금까지 당신이 어떻게 살아왔는지, 현재 어떻게 살고 있는지, 어떻게 죽고 싶은지에 대한 중간 보고서를 작성해야 한다. 실패로 점철된 과거를 돌아보는 일이 유쾌하지 않을 수 있지만 외면한다고 해결되는 일은 없다. 어떤 기준으로 그런 선택을 했으며, 선택에 따른 결과가 모두 나쁘기만 했는지 점검이 필요하다. 과거사 청산이 끝나면 다음은 현재이다. 오늘 마음을 다해, 열심히 하는 일이 무엇인지, 과정적으로 얻는 만족감은 무엇인지 꼼꼼하게 살펴봐야 한다. 높은 목적의식을 가지고 꾸준하게 실행하는 일이 있다면 더없이 감사한 일이다. 또한 직장인이든, 사업을 하든, 전업주부든, 아르바이트 일을 하든, 어디에서 있든 당신의 일에서 좋은 점을 찾아내어 가치를 부여해야 한다. 오늘을 잘 보내지 못하는 사람에게 내일은 없다. 내일은 오늘의 결과에 불과하다. '오늘이 전부'라는 태도가 필요하다. 당신은 요즘 어떻게 살고 있는가? 당신은 우선, 이 질문에 대답할 수 있어야 한다.

「모리와 함께 한 화요일」에서 모리 선생님은 어떻게 죽을지를 배우면 어떻게 살아야 할지 알게 된다고 얘기한다. 죽음을 '죽는 순간'에서 마주하는 게 아니라, 일상에서 마주하면서 살아가는 사람은 삶의 태도가 다르다. 나름의 기준이 있고, 기준에 부합한 생각과 행동으로 일상을 채워나간다. 그들은 유한한 삶에서 무한하게 살아가는 방법에 대한 연구에 누구보다 열정적이다. 당신도 대답할 수 있어야 한다. 어떻게 죽을지, 어떤 모습으로 떠나기를 원하는지, 당신의 죽음을 말할 수 있어야 한다.

두 번째, 자신을 스스로 돕는 자가 되어야 한다.

나는 나를 제대로 돕는 방법을 알지 못했다. 내가 나를 도와야 한다는 개념조차 없었다. 다른 사람의 말에 귀 기울였고, 세상의 정해놓은 속도에 적응하기 바빴다. 좋지 않은 성과에 대해 누구보다 냉정했다. 식물이 자라기 위해서는 일정한 바람, 태양, 시간, 뿌리를 내릴 수 있는 흙이 있어야 하는데, 과거의 나는 그런 영양분, 시간을 나에게 주지 못했다. 오히려 주는 것 없이, 기다림 없이 빨리 성과를 내라고 재촉만 했다. 그러나 지금은 아니다. 이제는 마음 가는 일이 있으면 한 번 더 해보라고, 결과가 빨리 나오지 않는 것은 때가 되지 않은 거라고 얘기하고 있다.

'실패가 성공의 어머니'라는 말을 기억해야 한다. 핑계, 질책이나 원망은 아예 머릿속 사전에서 지우는 것이 현명하다. '그럴 수 있지'라는 말과 함께 '이번에 뭘 놓친 것 같아?'라고 되물어주면서 의미 있는 경험이 될 수 있도록 도와주어야 한다. 다른 사람을 돕는 것처럼 '자신을 돕는다'라는 마음이 필요하다. 세상은 넓고,

해 볼 수 있는 일은 많다. 행동은 성과를 만들고, 경험은 곧 자산이다. 경험주의자를 자처하며 스스로 돕는 마음으로 살아가야 한다.

세 번째, 꾸준함을 이길 수 있는 것은 없다.

나는 어떤 일을 할 때 그 일에 대해서만 생각한다. 시간 관리를 통해 다이어리에 업무를 나누어 기록한 다음, 그 일을 충실하게 수행해나간다. '이보다 더 열심히 할 수 없다'라는 마음으로 몰입감을 느낀다. 마치 공간이 분리되어 다른 세계에 있는 것 같은 느낌으로 시간을 채운다. 세상과 나를 완전히 분리하는 경험의 반복은 나를 섬세하고, 담대한 사람이 될 수 있도록 도와주는 일등 공신이다.

당신은 '노력이 힘'이라는 사실을 믿어야 한다. '꾸준함을 이길 수 있는 것은 없다'라는 말을 신뢰해야 한다. 눈앞에 결과가 보이지 않더라도, 양적인 변화가 쌓이면 질적인 변화가 생겨난다고 믿어야 한다. 올바른 방향성을 가진 노력은 막강한 힘을 가진다. 꾸준함에 승부를 걸어야 한다. 꾸준함이 당신의 마음속에 잠들어있는 거인을 깨울 때까지 노력을 포기하지 말아야 한다. 잠자리에서 일어난 거인이 당신과 같은 방향을 바라볼 수 때까지 인내심을 발휘하며 기다려야 한다. 그러면 당신은, 당신을 뛰어넘게 될 것이다.

"노력이 힘이다."

"가다 보면 닿는다."

"멈추지 않으면 도착한다."

"끝까지 버티는 사람이 이긴다."

"지금 하는 일에 최선을 다하면 된다."

당신은, 당신을 배팅하는 삶을 살아야 한다.

MIND

제2부 **마음의 주인이 되고 싶은 당신에게** —————————

[조절력을 키워줄 문장 외우기]

1. 모든 일에서 긍정성을 발견하자

2. 인류는 비판보다는 긍정을 선택했다

3. 평생 배운다는 마음으로 살아가자

4. 겸손은 마음을 움직이고, 사람을 움직인다

5. 누구나의 인생, 저마다의 인생

6. 어떤 상황에서도 주인처럼 행동하자

7. 생각은 스스로 자라지 못한다

8. 너무 머리만 믿지 말자

9. '오늘이 전부'라는 마음으로 살아가자

10. 노력이 힘이다

실행력을
키우고 싶은
당신에게

MIND

1
훌륭한 구실을 조심해야 한다

「멘탈의 연금술」에서 보도 섀퍼는 인생을 마라톤에 비유하면서 앞으로 수십 킬로미터를 뛰어야 한다는 생각에 미리 포기하는 사람들에게 우선 100m만 잘 뛰면 충분하다고 말한다. 서서히 출발하여 몸의 온도를 높인 다음 추진력을 발휘해 앞으로 나가면 된다는 것이 그의 조언이다.

그러나 보도 섀퍼는 가벼운 시작에 대해서만 언급하

지 않는다. 그는 "인간은 모두 무언가 되고 싶어 한다. 하지만 그 누구도 무언가가 되려고 노력하지는 않는다."라는 괴테의 말을 인용하며 지금 자신이 할 수 있는 일에 대해 최선을 다해야 한다고 거듭 강조한다. 가벼운 시작을 얘기하지만 도망치는 것이 좋은 생존전략이 될 수 없으며, 실력을 갖출 때까지 '훌륭한 구실'을 피해야 한다고 강조한다.

"나는 내 실패를 내가 처한 환경과 상황 탓으로 돌렸다. 성공하려면 환경과 상황, 흐름을 내 것으로 만들어야 하는데, 내 것으로 만들기는커녕 그것들은 언제나 '내가 할 수 없는 이유'의 훌륭한 구실이 되어주었다. 어떤 일에 성공하려면 '변화'가 있어야 하는데, 나는 무엇보다 나 자신을 변화, 개선할 의지가 없었다."

어느 오후, 현관문에 필라테스 홍보물이 붙어있었다. 필라테스가 도움이 된다는 얘기는 익히 들었지만,

비용도 물론이거니와 시간적인 제약으로 인해 엄두를 내지 못하고 있었다. 빨간 글씨의 7,000원이 눈에 띄었고, 센터도 집에서 가까웠다. 다시 말해, 평소 내가 고민하면서 주저하게 만들었던 문제를 한꺼번에 해결해 주는 홍보물을 만난 셈이다. 문제는 그 순간이었다.

'필라테스…… 힘들다고 하던데……'
'일이 생겨 빠지는 날이 많아지면 운동 효과가 없지 않을까?'
'계속 꾸준히 갈 수 있을까?'
고민하고 있던 문제가 해결되는 호의적인 상황이 찾아왔는데, 오히려 도망칠 궁리를 하는 모습이 당황스러웠다.

'이게 뭐지?'
'원하는 거 아니었니?'
'원하던 거였잖아?'

나도 모르게 훌륭한 구실을 찾고 있다는 생각에 머리를 흔들었다.

'아냐! 이건 아니잖아!'

더 이상의 생각은 어떤 도움도 되지 않을 것 같았다. 몸을 움직였다. 일단 가서 상담을 받아본 다음, 그때 결정해도 늦지 않다면서 마음을 다잡았다. 그렇게 시작한 필라테스를 지금까지 다니고 있다. 중간에 몇 번 고비가 찾아왔다. 특별한 이유는 없지만, 속이 불편한 날이 첫 번째 이유였고, 대부분은 주말에 조금 무리하게 움직여 몸이 피곤한 것이 두 번째 이유였다.

'하루쯤 빠져도 괜찮지 않을까?'

하루쯤 빠진다고 문제 될 것은 없었다. 누가 감시하는 것도 아니고, 거기에 나름 합당한 이유도 준비되어 있었다. 자신을 보호할 구실도 촘촘했다. 갈등의 종지

부를 찍을 때였다. 하지만 그때 갑자기 어디선가 낮고 굵은 목소리가 들려오더니, 누가 등을 세게 내려치는 느낌이 들었다.

"그냥 해! 그냥! 계산 그만하라고!"

어떤 일이든 시작해야만 하는 이유는 명확하고 확실하다. 시작하지 않으면 큰일 날 것처럼 보이기도 한다. 하지만 어느 정도 시간이 흐르고 나면, 지루함이 찾아오고 처음의 다짐이 조금씩 희미해진다. 반복에 지치기 시작하는 것이다. 희한하게도 그때쯤이면 '그럴싸한 이유'도 찾아온다. 계속할 수도 있지만, 굳이 하지 않아도 될 것 같은 이유가 생겨난다. 물론 이런 경우, 진짜 이유도 있지만, 가짜 이유도 많은데, 보통 이 지점에서 두 부류로 나뉜다. 합리적인 포기를 선택하는 사람, 우직하게 나아가기를 선택하는 사람.

당신은 어느 쪽에 더 가까운 사람인가?
당신은 어떤 선택을 하면서 살아왔는가?

당신은 훌륭한 구실을 조심해야 한다. 계속할 수 있지만, 굳이 하지 않아도 될 것 같은 이유를 경계해야 한다. 당신은 대가를 지불해야 얻을 수 있다는 사실을 잊지 말아야 한다. 그러지 않으면 어딘가 숨어 있다가 날아온 낮고 굵은 목소리와 함께 등을 세게 두들겨 맞는 날이 생길지도 모른다.

"그냥 해! 그냥! 계산 그만하라고!"

2
신뢰할 만한 사람의 말은 믿어도 된다

"과연 잘 해낼 수 있을까?"

"이러다가 잘못되면 그때는 어떻게 하지?"

혼자 판단하기 어려운 상황, 누군가의 조언이 절실한 상황이 벌어지면 우리는 신뢰할만한 누군가를 찾게된다. 도움이 되는 조언과 그렇지 않은 조언을 구분하여 제대로 된 도움을 줄 수 있는 사람을 만나고 싶어한다.

그렇지만 도움이 되는 말, 용기를 북돋아 주는 말을 그들에게 들었어도 불안감이 완전히 사라지지는 않는다. 물음표와 함께 계속 의심이 생겨난다.

"정말 내가 할 수 있을까?"

"이게 가능하다고?"

"내가 어떻게?"

"그래도 잘못되면 어떻게 하지?"

여전히 믿음이 생기지 않는다. 완벽하게 준비된 것도 아니고, 실패할 확률도 높아 보인다. 혹시라도 일이 잘못되어 실패를 마주할 생각을 하면 머리가 아찔하다. 굳이 실패해서 낙오자가 될 필요가 있겠냐는 의구심은 완전히 사라지지 않는다. 아까부터 그런 모습을 가만히 지켜보고 있던 상대방이 담담하지만 힘찬 목소리로 말을 건네온다.

"당신이 신뢰하는 사람의 말은 믿어도 돼요!"

긍정적인 피드백을 경험하지 못한 결과일 수 있다. 칭찬이 어색한 문화 속에서 살아온 이유도 있을 것이다. '잘 할 수 있어.'라는 말을 '더 잘해야 한다.'라고 이해한 탓도 있다. 그러나 지금부터라도 바꿔야 한다. 긍정적인 피드백을 용기와 연결하고, 칭찬을 긍정 에너지로 전환해야 한다. '당신은 잘 할 수 있어'라는 말을 믿고 몸을 움직이는 사람이 되어야 한다. 하지만 아무리 애를 써도 마음이 움직이지 않는다면, 실패에 대한 두려움이 용기를 가로막는다면, 여전히 당신을 믿지 못하겠다면, 그때는 당신을 믿어주는 상대방을 믿어보라고 얘기해 주고 싶다.

당신이 신뢰하는 사람은 이미 그 길을 걸어본 경험이 있는 사람이다. 당신의 고민과 걱정을 몸으로 부딪쳐 본 경험의 소유자이다. 그리고 그 지점에서 한 발 더 내디딘 사람이다. 그들은 진짜다. 그들의 말은 신뢰해도 된다.

3
당신 인생의 정당성을 확보해야 한다

한 달 동안 손에 일이 잡히지 않아 답답하다고 했다. 갑작스럽게 생겨난 몇 가지 사건으로 인해 머릿속이 엉망이 되면서 그런대로 유지하던 일상생활이 완전히 무너졌다고 고백했다. 그러면서 질문했다.

"엄마로 살아가고, 제 일도 열심히 하고, 미래도 준비하고, 그렇게 살아가고 싶은데 도무지 시간이 나지 않아요. 너무 답답해요. 작가님, 이럴 때 어떻게 하면 좋을까요?"

시간을 설명하는 개념 두 가지가 있다.

카이로스(kairos), 그리고 크로노스(chronos).

카이로스는 상대성을 바탕으로 한다. 동일한 시간, 똑같은 상황이지만 완전히 다른 시간을 보내는 경험이 여기에 해당한다. 버스를 기다리는 10분, 시험을 치기 전의 10분, 연인을 기다리는 10분은 완벽하게 다르다. 의식의 흐름에 따라 똑같은 시간이 서로 다른 길이를 가진 것처럼 느껴진다. 10분이 아닌 2시간이라고 가정해보자. 넷플릭스에서 영화를 보는 2시간과 발표 준비를 위해 대기하는 2시간, 여행을 떠나기 위해 짐을 챙기는 2시간, 병원 신세를 지고 있는 2시간은 완전히 다르다. 마치 시간 자체가 다르게 느껴질 것이다. 이렇게 의미를 부여하고 주관적으로 해석하는 과정에서 시간이 재탄생되는 과정을 카이로스라고 한다. 반면 크로노스는 '흘러간다'는 개념으로, 자연스럽게 흘러가는 일련의 과정에 몸과 마음을 맡기는 일상성을 설명한다. 주체적으로 어떤 특별한 의미를 부여하지도 않고,

주관적으로 해석하는 과정도 거치지 않는다. 시간을 유일한 자원으로 이해하기보다는 무한한 자원으로 이해한다고 볼 수 있다.

당신의 시간은 어떻게 흐르고 있는가?
당신에게 시간은 카이로스(kairos) 인가?
크로노스(chronos) 인가?

'시간이 돈이다.'라는 말을 많이 하지만, 직접적으로 통장에서 빠져나가지 않는 까닭에 실감하지 못하는 경우가 많다. 그렇지만 단언하건대 시간은 돈이다. 눈에 보이지는 않지만 아주 귀중한 돈이다. 그뿐만이 아니라 당신을 설명할 수 있는 유일무이한 자원이다.

당신은 시간의 주인이 되어야 한다. 그것도 카이로스적으로 살아가는 주인이 되어야 한다. 그러기 위해서는 우선 당신은 시간을 이해해야 한다. 당신이 유한한 자원을 마주하고 있다는 사실부터 받아들여야 한다.

시간을 장담할 수 있는 사람은 없다. 장담하는 것처럼 보일 뿐이다. 매일 찾아올 것 같은 '오늘'이지만, 내일이 '오늘'이라는 이름으로 당신을 찾아올지, 찾아오지 않을지는 알 수 없다. 찾아올 거라고 믿으면서 살아가고 있을 뿐이다. 그렇지 않은가?

그러므로 당신은 감사해야 한다. '오늘'이라는 시간이 당신을 찾아왔고, 충실한 하인이 되어 당신의 지시 사항을 기다리고 있다. 당신이 일하라고 하면 일을 할 것이고, 잠을 자라고 얘기하면 잠을 잘 것이다. 춤을 춰야 한다고 요구하면 춤을 출 것이며, 사랑을 나누라고 말하면 사랑을 나눌 것이다. 당신은 충실한 하인에게 어떤 일을 시킬 것인가? 무엇을 주문할 것인가?

여기까지 시간에 대한 이해가 끝났다면, 다음으로 당신이 해야 할 일은 인생의 우선순위를 점검하는 일이다. 우선순위를 바탕으로 정리된 당신의 생각은 '오늘'이라는 시간 속에 반영되게 하는 것이 중요하다. 즉 시간에 의미를 부여하는 것이다. 소중하게 여기는 것을 소중하게 다룰 수 있는 시간, 긴급하게 처리해야 할 것들을 위한 시간, 먹고사는 일에 도움을 주는 시간, 급하지는 않지만 중요한 것을 할 수 있는 시간까지 '오늘'이라는 시간 속에 당신의 뜻을 반영해야 한다.

「시간관리 시크릿」에서 이미 여러 번 강조했었는데 시간을 관리하는 것이 곧 인생을 관리하는 것을 의미하며, 오늘을 잘 관리하는 것이 일생을 잘 관리하는 비결이다. '해야 할 것'을 포함하여 '하고 싶은 것'까지 반영한 계획이 준비되었다면, 이후부터는 단순하고 간단하다. 긴급하고 다급한 상황이 발생하지 않는 한, 주어진 시간에 정해놓은 일에 몰입하면 된다. 이것이 유한한 자원을 소중하게 다루는 최고의 비법이다.

인생의 우선순위를 살펴보고, 그에 따라 '해야 할 것'과 '하고 싶은 것'을 적절히 구분, 배분하여 오늘이라는 유한한 자원 안에 반영해야 한다. 한 가지 일을 할 때는 그 한 가지밖에 모르는 바보처럼 충실하게 매달려야 한다. 이것이 크로노스(chronos) 적인 시간 속에서 카이로스(kairos) 적으로 살아가는 비결이다.

당신은 반복적으로 수행해야 한다. 시간을 이해하는 일에서부터 우선순위를 결정하고, '오늘'이라는 시간 속에 잘 반영되고 있는지 반복적으로 수행해야 한다. 자연스러운 루틴(routine)이 될 때까지 계속 훈련해야 한다. 루틴(routine)이 만들어지면 불필요한 에너지 낭비가 줄어들면서 어려워 보이는 일이 쉽게 느껴진다. 당신은 루틴(routine)을 만들어야 한다. 크로노스(chronos) 적인 시간을 카이로스(kairos) 적으로 살아갈 수 있는 루틴을 만들어야 한다. 그 속에서 당신과 당신 인생의 정당성을 확보해야 한다.

4
문제가 생기는 것은 이상한 일이 아니다

"큰일이야. 문제가 생겼어!"

"이걸 어떻게 해결하지?"

"말도 안 되는 일이 벌어졌어!"

"그럴 수도 있지. 어디서부터 시작해야 하지?"

"원하는 대로 되지 않으면 어떻게 하지? 벌써부터 걱정이네"

"그건 그때 가서 생각하고, 일단 할 수 있는 것부터 시작해보자."

당신은 문제 상황이 벌어지면 어떤 말을 자주 하는가?
당신은 어떤 말을 하는 사람과 함께 있는가?

우리는 정보의 홍수 속에서 살아가고 있다. 거기에 예상하지 못한 문제가 생겨나면 그것을 잘 해결하기 위해 노력해야 한다. 문제해결 능력은 이제 선택이 아니라 필수가 되었다. 문제해결 능력이란 무엇일까?

어떤 일을 진행하는 과정에서 문제 상황이 발생하면 논리적으로 접근하여 창조적으로 문제를 해결하는 능력을 우리는 문제해결 능력이라고 말한다. 즉 어떤 상황이 벌어졌는지 정확한 사실관계를 밝혀낸 후, 인과관계를 규명하고 가장 적절한 대처 방법을 찾아내는 능력이다. 문제해결 능력이 필수라고 얘기하는 시대, 어떻게 하면 문제해결 능력을 키울 수 있을까?

나는 그 답을 문제해결 능력을 가진 사람의 공통점을 통해 찾아보았다. 그들에게는 어떤 공통점이 있었을까?

첫 번째, '평생 배우는 사람'의 모습을 하고 있었다. 그들은 배우는 것이 친숙한 사람이었다. 뭔가를 달성하기 위해, 성과를 내기 위해 배우는 것도 있었지만, 취미가 되었든 아니든 새로움이 항상 일상 속에 녹아 있었다. '흐르는 물은 썩지 않는다'라는 말을 증명하는 삶을 살고 있었다. 배움이 즐거움인 그들은 세상을 바라보는 보다 넓은 스펙트럼을 가지고 있었고, 다양한 시각과 유연한 관점을 유지하고 있었다. 배움은 그들에게 밥을 먹는 행위처럼 자연스러움, 그 자체였다.

두 번째, '행동하는 사람'이었다. 그들은 확률과 통계에 의존하는 모습이 아니었다. 오히려 가능성에 집중했다. 결과가 순차적으로 이뤄지지 않는다는 것을 이해하고 있었고, 과정에 충실한 사람이었다. 그들에게 가장 중요한 것은 '지금 하고 있느냐, 하지 않고 있느냐'였다. 문제를 마주하는 방법도 달랐다. 상황에 대한 인과관계를 밝혀낸 후에는 해결하는 과정에 초점을 맞추었다. 오히려 책임을 져야 하는 상황이라면 자신이

끌어안는 모습이었다. 그들은 실패 혹은 실수를 경험으로 기록했고, 경험을 자산으로 분류했다. 자신에게 일어난 모든 일을 자산으로 만드는 특별한 습관이 몸에 배어 있었다.

마지막으로 '모든 것은 태도'라는 생각이었다. 그들은 문제가 없도록 하겠다고 큰소리치지 않았다. 오히려 그보다는 문제가 생기면 잘 해결해나가겠다는 말을 반복했다. '이래서 걱정, 저래서 걱정'이라는 말은 그들의 사전에 없었다. '걱정을 걱정하는 모습'보다 '해결 방법을 찾는 모습'에 더 적극적으로 참여했다. 또한 '말'을 내세우지 않았다. 말하는 것을 조심스러워했으며, 일치되지 않는 행동에 부담감을 느꼈다.

그들은 말과 행동, 삶이 하나인 것처럼 보였다.

'문제가 없는 사람은 한 번도 시도해보지 않은 사람이다.'라는 말이 있다. 아무 문제가 없는 상황이 '어떤 문제도 없다'라는 것을 증명하지는 못한다. 문제가 생겼다는 것은 긍정의 신호이자, 성장의 기회일 수 있다. 일을 해나가는 데 있어 문제가 생겨나는 것은 이상한 일이 아니다. 문제가 생겼다면 도망칠 것이 아니라 적극적으로 참여하여 배움의 과정으로 완성해보자. '그럴 수 있다'라고 가능성을 열어두고, 문제가 생기면 그것을 해결하는 일에 온 힘을 집중해보자.

외면한다고 해서 해결되는 것은 없다.

5
말만 잘하는 사람 vs 말도 잘하는 사람

간혹 '말'만 잘하는 사람이 있다. 스스로 시도하거나 결정하기 위해 몸은 움직이지는 않은 채, 머릿속의 계산을 해답인 것처럼 내어놓는 경우가 있다. 과정적인 어려움이나 경험, 그 이후의 만족감과 깨달음까지 모든 것을 알고 있는 말투이다. 하지만 이런 경우 직접적인 경험이라기보다는 책에서 읽은 것, 누군가에게 들은 것, 인터넷 기사에서 발견한 것의 조합이 많다. 마치 영혼 없는 육체가 머릿속으로 암기한 것을 밖으로 내어놓는 모습인데, 그들은 '노력이 항상 결과를 장담하지는 못한다.'라는 논리를 펼치며 상대를 설득하기 위해 애를 쓴다. 얻는 것이 그리 많지 않을 수 있으며, 누군가의 성공 뒤에는 그만한 이유가 따로 있었다고 얘기하면서 비록 성공했더라도 잃은 것이 있을 거라고 목소리를 높인다.

"그들이 말하고 싶은 진짜 속마음은 무엇일까?"

여기 '말'도 잘하는 사람이 있다. 말만 잘하는 것이 아니라 행동, 태도, 삶에 이르는 모습에 일체감이 느껴진다. 그들은 원하는 것을 얻기 위해 적극적으로 뛰어드는 사람으로, 계산에 능숙하지는 않지만, 결과적으로 경험은 손익분기점을 넘긴다고 평가한다. '20대의 아름다움은 자연적 산물이고, 50대의 아름다움은 공적의 산물'이라는 말을 증명하듯, 그들은 즐거움, 재미 수준이 아닌 더 높은 수준이나 단계에 관한 이야기를 즐긴다.

실패를 얘기하는 것에 주저함이 없고, 경험을 자산으로 축적하는 일에 열정적인 그들은 마치 영혼과 육체가 하나 되어 같은 방향을 바라보며 걷는 모습이다.

"그들이 말하고 싶은 진짜 속마음은 무엇일까?"

당신은 어떤 사람에게 호의가 느껴지는가?
'말만' 잘하는 사람인가?
'말도' 잘하는 사람인가?

당신은 어떤 사람인가?
'말만' 잘하는 사람인가?
'말도' 잘하는 사람인가?

6
적응은 생존의 필수 전략이다

매장에 점심을 먹으러 갔다가 점원이 보이지 않아 자동 주문 기계 앞에서 한동안 머뭇거리다가 돌아왔다는 얘기를 들었다. I-PIN이 없어 도서관 대출증을 만들지 못해 헛걸음했다는 소리도 전해 들었다. 인터넷뱅킹으로 로그인하여 간단하게 처리하면 되는데, 인증서가 없어 직접 은행에 방문해 한참을 기다려 처리하고 왔다고 했다. 불과 몇 년 전만 해도 아직 먼 미래의 일이라고 생각했던 모습이 혁명에 가까운 속도로 주변에 파고들었고, 속도를 이기지 못하고 휘청거리는 사람이 속출하고 있다. 전혀 낯설지 않은 이 풍경 속의 주인공은 우리의 부모이다.

인류는 매 순간 적자생존을 경험하고 있다. 어느 한 시절을 잘 보냈다고 해서, 혹은 지금 잘 보내고 있다고 해서 끝이 아니다. 매 순간 새로워지고 있으며, 매 순간 적응이 필요하다. 무한 경쟁 시대를 강조하려는 것이 아니다. 주어진 상황을 정확하게 인지하고, 우리가 무엇을, 어떻게 해야 하는지에 대한 방향성을 검토하자는 것이다. 4차 산업혁명은 생존방식을 '혁명'이라고 정의했다. 그리고 의도했든, 그렇지 않든 우리는 지금 혁명의 중심에 있다.

오늘날 부모 세대가 마주한 상황은 심리적으로, 신체적으로 '당황' 그 자체일 것이다. '라떼는 말이야'라는 말로 스스로 위로해보지만, 대답 없는 메아리에 불과하다. 하지만 모든 사람이 그런 것은 아니다. 같은 나이라는 것이 믿기지 않을 만큼 왕성한 에너지를 발휘하여 능동적으로 살아가는 모습도 쉽게 만날 수 있다.

아이팟을 귀에 꽂고 다니면서 산책하는 분, 몇 권의 책과 함께 카페에서 책을 읽는 분, PC 활용 프로그램 강좌에 신청하신 분, 책 쓰기 프로젝트에 참여한 분, 재능 기부로 동화책을 녹음하러 다니는 분, 컬러링북에 색칠하는 것이 새로운 취미가 되었다는 분, 사업 확장을 위해 작은 공장을 알아보고 있다는 분까지 '당황'으로 그치지 않고 '흐름'에 몸을 맡긴 모습에는 자유로움이 묻어있다.

"당신은 어떤 풍경의 주인공이 되고 싶은가?"
"당신은 어떤 풍경을 배경으로 삼고 싶은가?"

바다를 향해 흘러가는 물을 막을 수는 없다. 흘러가는 것은 흘러가게 두어야 한다. 그 물에 발만 담글 것인지, 잠시 손만 적실 것인지, 고개 숙여 물속을 들여

다볼 것인지, 아예 몸을 맡겨 수영할 것인지, 아니면 왔던 길을 되돌아갈 것인지 모든 것은 당신의 선택에 달려있다. 지금의 변화 속도로 보았을 때 10년 후는 지금 우리가 상상하는 것, 그 이상일 것이다. 예측 범위 내에서의 변화도 있겠지만, 범위를 벗어난 일상을 예상하면서 살아가야 할 것이다.

바뀌는 것을 인정하고 받아들이는 것이 중요하다. 적응이 먼저이다. 지금 알고 있는 것이 전부라는 생각은 어떤 상황에서도 도움이 되지 않는다. 일관성이 강력한 무기가 될 수 있지만, 유연한 사고를 통해 가능성을 확장하는 것 또한 중요하다. 시대가 필요로 하는 정신이 달라지고, 요구하는 덕목도 달라지고 있다. 우리 부모 세대는 이러한 것을 경험하고 학습할 시간을 가지지 못했다. 하지만 우리는 아니다.

우리는 적응해나가야 한다.
관성에 젖어 있는 감각을 일깨워 맛보고, 느끼고 경

험하는 일에 능동성을 발휘해야 한다.

지금 하는 일을 포함해서 하고 싶은 일에 도움이 되는 배움도 계속 이어나가야 한다. '어떻게 하지?'라고 걱정만 하거나 '어떻게든 되겠지!'라고 물러서는 것은 지혜로운 모습이 아니다. 변화하는 세상과 바뀌는 시스템, 시대가 요구하는 정신에 대해 관대함과 호기심을 발휘해야 한다. 진화도 적응 이후의 문제이다.

적응이 우선이다.
적응은 생존의 필수 전략이다.

7
몰입해 있는 사람은 아름답다

"정말 그렇게 생각해? 나는 그렇게 생각하지 않아. 그는 낮이나 밤이나 삶을 꽉 채워 일을 하고 있었고, 거기다가 그의 삶에 활력소가 되는 사랑이 있었어. 내 생각에 사람들이 행복이라고 하는 것은 계속해서 생기에 차 있을 때야. 그리고 마치 미친 자가 자기의 고정 관념에 몰두하듯이 무언가에 몰두하고 있을 때야."

루이제 린저의 「삶의 한가운데」에서 주인공 니나가 사람은 누구나 자신이 원하는 모습이 될 수 있다는 생각과 함께 몰입하는 모습의 아름다움을 설명한 문장이다.

당신은 어떤 일을 하는 동안 얼마만큼의 시간이 흘렀는지 모르고 있다가 나중에 시간이 훌쩍 지난 것을 보고 놀란 경험이 있는가? '언제 이렇게 시간이 흘렀지?'라는 말을 당신도 모르게 내뱉은 적이 있는가? 앞을 향해 열심히 달리기한 후, 온몸을 타고 흘러내리는 땀을 보며 미소 지은 적이 있는가? 어떤 일을 하고 있을 때, 시간 그 자체를 잊어버린 경험이 있는가? 무언가 저절로 일이 되어가고 있다는, 공간이 분리되어 완전히 다른 세계에 와 있다는 느낌이 들어본 적이 있는가? 조급함 대신 온전함이라는 공기가 주위를 온통 감싸고 있다는 기분을 느껴본 적이 있는가?

이런 상황을 두고 심리학자 미하이 칙센트미하이는 '몰입'이라고 정의하고 있다.

성공한 사람은 입을 모아 '몰입'을 강조한다. 몰입감을 느낄 수 있는 상황을 만들고, 몰입감을 경험할 수 있는 횟수를 늘리는 것이 성공 비결이라고 힘주어 얘기한다. 하지만 많은 사람이 몰입 이진에 '집중하는 것'부터 어려움을 호소한다. 몰입은 그다음 문제라는 것이다. 단계적으로 집중 이후에 몰입이 이뤄지는 셈인데, 집중력을 높이는 것이 우선 과제가 된다고 할 수 있겠다.

과연 어떻게 하면 집중력을 높일 수 있을까?

첫 번째, 마음 챙기기.
당신에게는 당신만의 기준이 있는가? 세상의 기준이 아닌 당신이 생각하는 중요한 가치가 있는가? 당신만의 기준이 필요하다. 기준이 있으면 명확함이 생겨난다. 잠시 흔들거려도 금방 되돌아올 수 있다. 명확한 기준이 당신이 하고자 하는 일에 의미를 부여하고, 지속성을 유지할 수 있도록 도와준다. 나아가 궁극에는 당신이라는 존재에 대한 자긍심을 만들어낸다.

집중력을 높이고 싶은 사람이라면 가장 먼저 해야 할 일은 기준을 세우는 것이다. 명확하고 분명한 기준을 세워, 마음의 주인이 되어야 한다. 일에 대한 기준, 관계에 대한 기준, 삶에 대한 기준을 만들어야 한다. 뿌리 깊은 나무는 바람에 흔들리지 않는다는 것을 기억해두자.

두 번째, 좋은 상태 유지하기.

여유가 없는 상태, 불안한 상태에서는 집중력이 발휘되지 않는다. 우리는 감정이라는 코끼리에 올라탄 기수라는 것을 기억해야 한다. 마음의 평온함을 유지하는 것이 무엇보다 중요하다. 몸이 지쳐있다면 재충전의 시간을 만들어주어야 하고, 감정적으로 불편한 시간을 지나고 있다면 그 시간이 지나갈 수 있도록 기다려주어야 한다. 인정하고, 수용하고, 나아가는 일련의 과정이 선순환하며 기준을 향해 나아갈 수 있도록 몸과 마음의 불협화음을 줄여야 한다.

마지막으로 주변 정리하기.

'깨진 유리창의 법칙'에 대해 알고 있을 것이다. 범죄학자 제임스 윌슨과 조지 켈링이 정리한 개념으로 가벼운 범죄라고 방치하면 나중에는 더 큰 범죄나 사고로 이어진다는 것을 의미한다. 뉴욕시의 사례가 대표적이다. 뉴욕시는 빈민굴처럼 전락하는 과정을 방치했고 그로 인해 상황은 더욱 악화되었다. 뉴욕시는 자연스럽게 무서운 도시, 지저분한 도시로 변해갔다. 하지만 1995년에 새로 취임한 뉴욕시장은 범죄를 집중적으로 단속하기 시작하면서 뉴욕시 정화작업에 나섰다. 노력의 결과 뉴욕은 무서운 도시, 지저분한 도시라는 이름을 벗게 되었다.

뉴욕시의 사례처럼 주변이 지저분하면 솟아나던 집중력도 사라진다. 주변 정리가 잘 되어 있으면 소리 없이 꺼져가던 열정도 다시 불을 지필 수 있다. 간단하게는 스마트폰을 치우는 것에서부터 일을 방해하는 요소는 눈에 띄지 않도록 제거하는 것이 좋다.

스마트폰의 경우 처음부터 무음으로 하거나 보이지 않는 곳으로 옮겨놓는 게 낫다. 집중력이 힘을 발휘할 수 있도록 일정과 만남을 사전에 조율하는 것도 도움이 된다. 처음부터 당신의 신경을 분산시킬 이유를 만들지 않는 것이 가장 현명한 방법이다. 특히 주변 사람의 영향을 받는 경우라면 더욱 그래야 한다.

마음 챙기기, 좋은 상태 유지하기, 주변 정리하기.

이런 과정을 반복적으로 실행하면 몸 안에 보이지 않는 힘이 생겨난다. 이것이 집중력이다. 처음에는 집중력이 발휘될 때까지의 준비 시간이 생각보다 많이 필요할 수 있다. 하지만 꾸준히 연습을 이어나가면 준비 시간이 1시간, 30분, 10분, 1분으로 줄어드는 것을 목격하게 될 것이다. 본격적으로 집중력이 발휘되기 시작하면, 당신이 몰입감을 경험하게 되는 것은 시간문제이다.

당신과 당신의 시간, 당신의 일, 당신의 환경이 모두 당신을 돕고 있다는 생각과 함께 전혀 다른 세계로 넘어온 자신을 발견하게 될 것이다. 우리는 그곳을 몰입의 세계라고 부른다.

　나는 조금 전 당신에게 몰입의 세계로 초대장을 보냈다. 초대를 수락한 당신을 즐거운 마음으로 기다리고 있겠다.

8
수많은 오늘이 모여 인생을 만든다

죽는 순간, "아! 잘 보냈어. 정말 만족해!" "정말 후회 없이 잘 살았어!"라고 말할 수 있어야 한다고 배웠지만 "그러려면 어떻게 해야 하는데?"라고 되묻기에 바빴을 것이다. 죽음을 기억하라고 했지만, 당신과 상관없는 일이라고 여겨졌을 것이다.

하지만 분명 우리는 죽음을 향해 나아가고 있다. 오늘을 살고 있지만, 내일을 확신할 수 없다. 그렇기에 '소중한 오늘'이라는 표현이 의미가 있는 것이다. 죽음을 기억한다는 것은 자포자기가 아니라 소중한 오늘에 대한 적극적인 마음의 자세이다. 죽음을 기억하면서 살아가는 것은 아주 중요한 태도이다. 그러나 너무 멀게 느껴지는 것 또한 사실이다. 어떻게 하면 '죽음을 기억하는 삶'을 살 수 있을까?

죽음을 가까이 당겨오는 것이다. 죽음을, 늦은 밤 잠자리에 들기 위해 당신이 침대에 누운 상태로 가져오는 것이다.

침대에 누운 당신이 말한다.
"아! 오늘 정말 잘 보냈어. 만족해!"
"오늘 하루 후회 없이 잘 살았어."

수많은 걸음이 모여 길을 만든다. '잘 보낸 오늘'이 쌓여 '잘 보낸 인생'을 만든다. 후회 없는 인생을 살고 싶다면, 당신이 해야 할 일은 '후회 없는 오늘'을 위해 정성을 다하는 것이다. '후회 없는 오늘'을 만드는 발자국에 '기분 내키면'이란 말은 없다. 기분과 상관없이, 조건과 상관없이, 정성과 노력이란 단어를 잊지 않고 하루하루 충만한 삶이 될 수 있도록 마음을 다해야 한다. 오늘도 안 되면서 내일은 잘 될 거라는 막연한 기대는 버려야 한다. 오늘을 잘 보냈을 때, 내일도 잘 보낼 수 있다.

생각하는 것과 말하는 것, 실천하는 것이 조화를 이룰 때 행복이 찾아온다는 가르침을 전한 마하트마 간디를 기억하자. 그의 조언을 기억하자.

"매일 밤, 잠자리에 들 때면 나는 죽는다. 그리고 다음 날 아침, 잠에서 깨어나면, 나는 다시 태어난다."

9
간절함이 차이를 만든다

"당신은 간절히 원하는 것이 있는가?"

"간절한 것을 이루기 위해 노력한 경험이 있는가?"

나는 읽고, 쓰는 행위가 내 삶을 통과하여 타인의 삶에 선한 영향력을 발휘하기를 희망한다. 그리고 그것을 이루기 위해 내가 할 수 있는 최선의 노력을 기울이고 있다. 가끔 "그 많은 일을 언제 다 해내세요?"라는 질문을 받지만, 나에겐 "그 많은 일"이 아니다. 하나하나가 연관성을 가지고 내가 의미를 부여한 일이며, 긍정적인 결과를 끌어내기 위해 시간을 조율하고, 마음을 관리해나가고 있다. 이유는 간단하다. 가장 좋아하는 일이고, 잘하고 싶은 일이며, 동시에 간절한 일이기 때문이다. 그리고 무엇보다 중요한 사실, "그 많은 일"로 보일 수 있지만, 출발 지점은 똑같다. '읽고 쓰기'이다.

'Less is More(적은 것이 많은 것)'라는 표현이 있다. 혹시 당신은 지금 당신이 하고 있는 일, 혹은 하고 싶은 일이 어느 정도의 연관성을 가졌는지 살펴본 적이 있는가? 의미를 확인하기 어려운 점을 방황하듯 여기저기 찍고 있지는 않은가? 결합 강도가 어느 정도인지 꼼꼼하게 살펴본 적이 있는가? 산업혁명의 성과는 'Less is More(적은 것이 많은 것)'에 있었다. 생산성은 간결함에 달려 있다. 성과를 내고 싶다면, 생산성을 높이고 싶다면, 당신은 간결함을 기억해야 한다. 간결하면 간결할수록 간절함은 성과를 높일 수 있다.

2020년 코로나로 인해 남편이 진행해 오던 일에 차질이 생겼다. 금전적인 손해는 물론, 그동안의 노력이 무용지물이 되는 순간이었다. 오랜 시간 준비해오던 홈쇼핑이 갑자기 취소되면서 동영상을 다시 제작하고, 제품 디자인을 수정하면서 보낸 시간이 무의미한 시간으로 결론 나기 직전이었다. 12월, 담당자에게서 이번에는 포기해야겠다는 연락을 받았다. 나도 나였지만, 남편의 충격은 상당했다. 이틀 동안 꼬박 밤을 새웠다. 이틀 만에 십 년은 더 늙어 보였다. 하지만 이틀 뒤, 남편은 몸을 추슬러 다시 몸을 움직이기 시작했다. 며칠 동안 남편의 노력은 계속되었다. 준비하기 위해 노력한 과정을 메일로 보내고, 상황을 바꿀 방법은 없는지 담당자와 계속 연락을 이어나갔다.

그런 남편의 간절함이 하늘에 닿은 걸까. 담당자에게서 추가로 진행할 수 있는 방법을 찾았다는 연락을 받았다. 간절하게 바라는 것을 향해 꾸준하게 달려온 노력의 결과였다.

간절함은 행동을 끌어내고, 행동은 차이를 만들어낸다. 간결함으로 무장하여 지속해서 파고들면 뚫리기 마련이다. 한꺼번에 많은 것을 이뤄내겠다고 욕심부리지 않도록 하자. 하나가 되고 나면, 그다음은 어렵지 않다. 한 번에 하나씩, 그 하나에 온 힘을 쏟아 넣으면 충분하다.

지금 당신에게 필요한 것은 간절함이 일궈낸 '작은 성공 경험'이라는 것을 기억하자. 대단하지 않아도 된다. 당신의 뜻이 반영된 일이면 된다. 그 하나에 온 힘을 쏟아 성공시키기 위해 노력해보자. 간절함이 차이를 만들어내는 경험에 동참한다는 사실이 중요하다.

'후회 없는 오늘'을 만드는 발자국에
'기분 내키면'이란 말은 없다.
기분과 상관없이, 조건과 관계없이,
정성과 노력이란 단어를 잊지 않고
하루하루 충만한 삶이 될 수 있도록
마음을 다해야 한다.

MIND

제3부 실행력을 키우고 싶은 당신에게 ————————————

[실행력을 높여줄 문장 외우기]

1. 바라는 것이 있다면, 그만한 노력을 해야 한다

2. 신뢰하는 사람의 말은 믿어도 된다

3. 시간을 관리하는 것이 인생을 관리하는 것이다

4. 문제는 언제든 생겨날 수 있다. 해결방법에 집중하자

5. '말도' 잘하는 사람이 되자

6. 매 순간 새로워지고, 매 순간 적응해야 한다

7. 몰입하는 사람은 아름답다

8. '후회 없는 오늘'이 '후회 없는 인생'을 만든다

9. 확률과 통계는 숫자에 불과하다

10. 간절함이 차이를 만든다

제4부

공감 지능을
높이고 싶은
당신에게

MIND

1
삶은 언제든 바뀔 수 있다

결혼 후, 두 아이를 키우는 과정에서 '위기'라는 것을 경험했다. 첫아이가 태어난 기쁨도 잠시, 고관절 탈구라는 병명과 함께 아이를 데리고 서울행 기차에 몸을 실어야 했다. 그리고 몇 년 후 착한 암이라고 불리는 갑상샘암이 나를 찾아왔다. 둘째 임신 초기 검사에서 혈액검사 수치가 좋지 않다면서 초음파 검사를 권유했고, 결국 양성 판정을 받았다. 초기이긴 한데, 속도가 빠른 편이라는 얘기와 함께 수술을 제안받았다. 하지만 임신 상태에서 수술받고 싶지 않았고,

나의 불안과 두려움을 제거해 줄 의사 선생님을 찾아 수소문하기 시작했다. 서울 아산병원에서 담당 선생님으로부터 출산 후 진행해도 괜찮을 거라는 얘기와 함께 수술 날짜를 예약하고 내려왔다. 암 진단 이후부터 수술하기 전날까지 약 10개월의 시간은 내 인생의 어디에서도 찾아볼 수 없는 고통의 시간, 성찰의 시간, 감사의 시간이었다. 서울대학교 병원에 이어 서울 아산병원, 뉴스로 만났던 대형병원이 마치 오래전부터 알고 지내던 공간처럼 친숙하다. 이 모든 것이 벌써 십 년 전의 일이다.

"누군가를 힘들게 하거나 괴롭히면서 살지 않았는데, 왜 이런 일이 생긴 거지?"

"왜 우리만 이렇게 고생하는 거야?"

"왜 나는 힘든데, 세상은 아무 문제 없이 돌아가는 거야?"

이반 일리치가 자신의 죽음에 대해 세상이 바뀌지

않고, 사람들이 슬퍼하지 않는 모습을 원망했던 것처럼 나 역시 사정은 비슷했다. 자신에게 가장 많이 던졌던 질문이고, 가장 많이 들었던 생각이다. 아무리 갑상샘암을 두고 착한 암이라고 해도, 매일 죽음을 떠올리며 살아가는 느낌은 유쾌하지 않았다. 활기를 찾기 어려웠고 두려움으로 인한 감정 기복의 변화로 인생은 이해와 배려, 사랑의 대상이 될 수 없었다. 하지만 무심한 듯 시간은 흘렀고, '이것 또한 지나가리라'를 증명하듯 조금씩 견딜 수 있는 것들이 늘어났다.

견디는 시간이 늘어나는 만큼 희한하게 되돌아보는 시간도 많아졌다. 엘리자베스 퀴블러 로스의 「인생수업」을 만난 것이 그때쯤이었고, 이후 지금까지 내 인생의 책으로 남아 스승, 친구의 역할을 해주고 있다. 그때의 경험 이후 내 삶의 많은 부분이 달라졌다. 그 시절이 나에겐 전환점이었던 셈이다. 삶을 제대로 이해할 수 있는 시간이자 새롭게 바라볼 기회를 만들어 준 특별한 지점이었다.

무엇보다 삶을 정확하게 바라볼 필요성을 느끼는 시간이었다. 삶에 대한 정의가 새롭게 완성되면서 하루하루 시간을 무의미하게 허비할 수 없다는 생각이 들었다. 그러기엔 나에게, 내 인생에게 미안했다. 소리 내어 엉엉 울었던 시간, 가만히 서 있기만 해도 몸이 휘청거렸던 시간을 다시 만나고 싶지 않았다. '울고 휘청거리는 삶'이 아니라 '웃고 단단한 삶'을 만들고 싶었다. 인생이 나를 삼키도록 내버려 두는 것이 아니라 정면에서 똑바로 바라보고 싶었다.

'무엇을 해야 할까?'
'어떤 부분부터 바꿔야 할까?'

상황은 내가 바꿀 수 없었다. 오로지 바꿀 수 있는 거라고는 '상황을 바라보는 나의 마음'밖에 없었다. 그래서 마음을 다르게 먹었다. 인정하기. 누구 때문이라고, 그것만 아니었다면 이렇게 되지 않았을 거라고 원망하는 모습과 이별하기로 했다.

'누구 탓'이라는 표현은 사전에서 아예 지워버렸다. 그뿐만이 아니라 내 인생과 관련하여 책임 있는 모습을 보이지 않으려고 했다는 사실도 받아들이기로 했다. 받아들이지 않으면 변화는 불가능해 보였다. 그리고 '내가 선택하고 내가 책임진다.'라는 태도로 능동적으로 대처하지 않는 모습도 버리기로 했다. 그러면서 앞으로는 '내가 선택하고 내가 책임진다.'라는 마음으로 살아가겠다고, 이제는 누구 탓을 하는 사람이 되지 않겠다고, 그림자 뒤에 몸을 숨기는 짓은 않겠다고 거듭 다짐했다.

나는 '할 수 없는 것'이 아니라 '할 수 있는 것'에 집중하는 방식을 선택했다. 그리고 그 선택은 옳았다.

삶은 언제든 바뀔 수 있으며, 바뀌려고 마음먹는 순간 이미 변화는 시작된다. 자신을 인정하고 받아들이기로 마음먹고 나면 의외로 많은 문제가 해결된다. 타인에 대한 부정적인 시각이나 생각에도 변화가 생겨난다.

지금의 상황을 부정하고, 다른 누군가로 인해 생겨난 일이라고 외쳐봐야 달라지는 것은 없다.

오히려 감정 소모만 부추기고, 상황만 더욱 악화시킬 뿐이다. 그것보다는 주어진 상황을 받아들일 수 있는 사람이 되는 것이 현명하다. 주어진 상황을 완벽하게 바꾸지는 못하지만, 이후의 상황을 호의적으로 만드는 일은 가능하다.

2
마음의 정원을 가꾸고 키워야 한다

　　"나 자신을 좋은 사람으로 바꾸려고 하니까 좋은
　　사람이 나타나더라. 혼자 여행도 가보고 책도 읽고
　　그러면서 기다리면 된다."

〈효리네 민박〉에 출연한 아이유에게 이효리가 제주
도의 아름다운 석양을 보여주면서 했던 말이다. '스스
로 먼저 좋은 사람이 되어야 한다.'는 말은 예능 프로
그램뿐만 아니라 인생 전체를 관통하는 메시지이다.
물론 글쓰기 수업 시간에도 적용되는 말이다.

"좋은 글을 쓰고 싶으면 먼저 좋은 사람이 되어야 한다."

지구적인 차원에서 온라인으로 하나가 되어 정보를 공유하고 소통하는 비용이 거의 들지 않으면서 원하는 정보를 찾는 일이 어렵지 않게 되었다. 자신이 알고 있는 정보를 사이버 공간에 올리는 것과 업로드된 정보가 공유되는 일이 거의 동시에 일어나고 있다. 진실인지 거짓인지를 떠나 정보가 넘쳐나고 있다. 그런 상황에 경종을 울리듯 부쩍 '진정성'이 강조되는 요즘이다. 진정성을 두고 높은 수준의 인품을 지니는 것이라고 말하기도 하고, 누군가는 사실을 거짓 없이 드러내는 모습을 뜻하는 거라고 표현하기도 한다. '진실하고 참된 성질'을 의미하는 진정성에 대해 현실적인 묘사는 어렵지만, 분명한 사실은 '좋은 느낌을 주는 것'과 연관되는 것은 분명하다.

좋은 사람, 좋은 느낌을 주는 것은 어떤 것일까?

좋은 느낌을 주는 사람은 대부분 스스로에 대한 태도는 물론, 타인과 세상을 대하는 태도에 여유가 있고 호의적인 편이다. 정직함을 바탕으로 따뜻함, 유쾌함, 건강함, 즐거움과 같은 긍정적인 말과 행동으로 주위 사람을 격려하고, 용기를 북돋아 준다. 그들은 이분법적으로 세상을 이해하지 않고 오롯이 대상, 그 자체가 목적이자 목표가 될 수 있는 제안을 한다.

그렇다면 어떻게 하면, 좋은 느낌을 줄 수 있을까?

마음의 정원을 가꾸고 키우면 된다. 마음의 평수를 넓히고, 마음 밭에 좋은 씨앗을 뿌리고 그것을 키우면 된다. 마음이 넓어지면 포용할 수 있는 영역이 넓어진다. 불가능하다고 여겨지는 것조차도 받아들일 수 있는 공간이 만들어진다. 좋은 에너지는 여유 공간에서 생겨난다.

솔직히 '그럴 수 없는 일'이라기보다 지금 마음 상태

가 '그럴 수 없는 상황'이라는 의미가 더 정확하다.

좋은 느낌을 주는 사람이 되고 싶다면, 마음 밭에 좋은 느낌을 줄 수 있는 씨앗을 뿌리고 그것을 가꾸는 일에 더 많은 애정을 쏟아야 한다. 스스로 내부에서 긍정 에너지를 만들기 어렵다면 그런 에너지를 내뿜는 환경 속으로 당신을 집어넣어 주는 것도 현명한 방법이다. 좋은 자극이 끊임없이 당신을 향해 쏟아지도록 자신을 이끌어야 한다. 좋은 얘기를 듣고, 좋은 책을 찾아 읽고, 좋은 사람을 만나다 보면 서서히 물들게 된다. 그렇게 물들어 가다 보면 당신도 모르게 당신 안에 좋은 에너지가 쌓이게 되고, 저절로 밖으로 새어 나오게 된다.

모든 일에는 시간이 필요하다. 시간의 힘이 있어야 하는 일에 인내심을 발휘해보자.

3
감정은 뇌가 없다

　　「바른 마음」의 저자 조너선 하이트는 인간을 직관이라고 불리는 코끼리 위에 올라탄 기수라고 표현하고 있다. 사람은 어떤 상황을 만났을 때, 그것에 대해 논리적으로 생각하고, 이성적으로 판단하기보다 순간적으로 이끌리는 것을 먼저 선택한 다음, 나중에 그 선택을 합리화하는 방식으로 논리를 접목한다고 얘기했다. 즉 실제 사람을 움직이는 것은 직관으로, 옳은 것 이전에 '마음을 끌어당기는 것'이 먼저라고 얘기했다.

직관을 '감정'으로 다루어도 무방할 것 같다. 감정, 쉬워 보이지만 절대 만만하지 않다. 거기에 우리는 어디에서도 감정 다루는 방법을 배우지 못했다. 배웠다고 해도 이분법적인 접근이었고, 수동적인 방식이었다. 즐거움, 기쁨과 같은 감정은 좋은 것이며 우울, 분노, 슬픔과 같은 것은 나쁜 것으로 드러내지 않는 게 미덕이라고 배웠다. 동전의 양면처럼, 어떤 상황에 대해서든 긍정의 감정과 부정의 감정이 동시성을 발휘하며 기억을 공유한다는 사실을 배우지 못했다.

감정은 판단의 대상이 아니다.

알아차림의 대상이자, 이해의 대상이다. 올바른 이해를 통해 상황을 극복하고 보다 나은 감정으로 이끌어가는 것이 핵심이다. 감정은 뇌가 없다. 감정은 솔직함 그 이상도, 이하도 아니다. 솟아오르는 감정을 누르는 것은 해법이 될 수 없다. 감정을 부정하는 상황은 일을 더욱더 어렵게 만들 뿐이다.

기분 좋은 감정이 느껴지면 마음껏 기쁨을 느낄 수 있도록 허락하고, 슬픔이 느껴지면 소리 내어 울 수 있는 공간을 마련해 줘야 한다.

처음부터 좋은 감정을 느끼고, 좋은 감정 상태를 유지하면 가장 근사하다. 부정적인 감정을 긍정적인 감정으로 변화시키면 되겠지만, 처음부터 상황이 호의적으로 진행되면 문제가 벌어질 확률은 줄어든다. 예상하지 못한 일로 화가 난 상태에서 누군가와 함께 회의해야 하거나 새로운 관계를 형성해야 할 때 온화함을 유지하기란 쉽지 않다. 마음에도 없는 말이 자신도 모르게 나갈 수 있고, 평소에 사용하지 않는 말투로 오해를 일으킬 수도 있다. 이럴 때는 화가 치밀어 올랐다는 사실을 빨리 인정하고, 잠시 자리를 이동하거나 방법을 찾아 긍정적인 감정이 회복될 수 있도록 틈을 만들어야 한다.

'화'라는 감정은 유난히 조심해서 다룰 필요가 있다.

성난 사자와도 같아 큰 손실 없이 그 순간을 잘 넘기는 것만으로도 최고의 해결책이 될 수 있다. '화'는 약간의 시간이 흐른 후 저절로 풀리는 경우도 있지만, 아무런 준비도 되어 있지 않은 사람에게 속마음을 드러낼 수 있다. 그러면 일이 복잡해지면서 본래 문제를 일으킨 사건보다 그 이후의 사건을 수습하는 일에 더 큰 어려움을 겪게 된다. 화가 났다는 것을 빨리 알아차린 후, 어설픈 곳에서 엉뚱한 결과를 만들어내지 않도록 능숙한 조련사가 되어 코끼리 머리를 돌려야 한다.

감정도 자연법칙에 따라 생로병사를 경험한다.

당신은 그 모든 과정에 적극성을 발휘해야 한다. 당신은 감정의 주인이 되어야 한다. 주인이 된다는 것은 감정을 지휘해야 한다는 의미가 아니다. 감정을 판단하기에 앞서 어떤 감정 상태에 놓여있는지를 알아차릴 수 있어야 하고, 어떻게 하는 것이 감정을 돕고 나아가 자신을 돕는 길인지 판단해야 한다는 뜻이다. 그런 다

음 보다 나은 감정으로 나아갈 수 있도록 방법을 제안
할 수 있어야 한다.

감정은 결코 이성적이지 않다.
이성적이지 않은 감정에게 논리를 접근시키지 말자.

4
평균이 모든 것을 얘기하지는 못한다

"제가 무슨 그런 일을?"

"자격도 없는데 어떻게?"

"아직 준비가 덜 되어서"

"아무나 하는 게 아니잖아요."

"지금 하기엔 너무 늦지 않을까요?"

실력이 좋으면서도 늘 조심하고 머뭇거리는 사람이 있다. 예전에 좋은 실력을 인정받았던 사람임에도 불구하고 두려움 가득한 얼굴이다. 그들은 말한다.

"아무나 할 수 있는 게 아니에요, 저는 학교 다닐 때 늘 평균 이하였어요, 이건 평균 이상의 능력을 갖춘 사람이 할 수 있는 일이에요."

학창 시절, 성적표의 기준은 항상 "평균"이었다. 성적이 평균 이하인지, 평균 이상인지로 존재감을 평가받았고, 그런 과정이 궁극적으로 교육이 지향하는 것과 일치하는지 의심하는 사람은 없었다. 오히려 가장 정확하고 완벽한 평가라고 믿었다.

"나는 평균 이상인 사람?"
"나는 평균 이하인 사람?"

학교 다닐 때 몸에 붙은 평균은 사회에 나온 후, 범위가 더욱 확장되었다. 평균 연봉은 얼마인지, 평균적으로 중산층 기준은 어디인지, 평균적으로 어느 정도로 생활해야 부자인지 궁금해하며 평균은 참고 수준이 아닌 어떤 기준점이 되어버렸다. 그러다 보니 평균을 신뢰하는 태도는 재능의 유혹을 이기지 못했고, 재능보다 상위에 있는 가치, 그러니까 믿음, 노력, 끈기, 성장과 같은 단어는 제 자리를 지키는 일이 쉽지 않게 되었다.

「평균의 종말」의 저자 토드 로즈의 목소리는 단호하다. 사회가 주장하는 '평균'이라는 개념은 허상이며, 우리 사회가 평균적이라고 주장하는 것을 좋은 것으로 받아들이도록 학습 받아왔다고 강조한다. ADHD 장애를 가진 그는 결코 평균의 범주에 들어가지 못하는 사람이었다. 학교와 사회가 강조하는 평균은 그를 열등한 사람으로 몰아갔다. 예상하는 것처럼 그는 어린 나이에 가장이 되어 어려운 살림을 감당해야 했고, 최저임금의 일자리를 전전긍긍하는 생활보호 대상자가 되었다.

우리가 배운 시나리오대로라면 여기서 끝나야 한다. '평균적이지 못한 사람은 평균 이하라고 불리는 삶을 살아야 한다'라는 명제를 증명한 것으로 마무리되어야 했다. 하지만 그는 고등학교를 중퇴하고 15년이 흐른 후, 하버드대학교 교육대학원의 교수가 되었고, 현재 교육 프로그램 책임자를 맡고 있다. 평균 이하로 살았던 사람이 평균 이상의 삶을 얘기하는 거대한 프로젝트의 책임자가 된 것이다.

ADHD라는 장애를 가졌던, 책임져야 할 것이 누구보다 많았던 그는 어떻게 두려움, 압박감, 두려움으로부터 도망치지 않을 수 있었을까? 어떻게 '평균'에 함몰되지 않고 자신의 삶을 살아낼 수 있었을까? 그 질문에 토드 로즈는 대답한다.

"내가 인생 반전을 맞았던 이유는 세상 사람들이 알아봐 주지 못하는 숨겨진 재능에 눈떴기 때문이 아니다. 어느 날부터 독하게 마음먹고 열심히 공부하기 시작해서도 아니고, 어떤 추상적 인생 철학을 새롭게 발견해서도 아니다. 나에겐 추상적인 것에 매달릴 여유가 없었다. 생활 보호를 받으며 살아야

하는 처지에서 벗어나야 했고 내 자식들을 부양해
야 했으며 보람을 갖고 일할 만한 직업을 갖기 위
한 실질적인 진로를 찾아내야 했다. 사실 내가 인
생 반전을 맞을 수 있었던 것은 처음엔 직관에 따
라, 또 그 뒤엔 의식적 결심에 따라 개개인성의 원
칙을 따랐기 때문이다."

　토드 로즈는 평균은 기준이 될 수 없을 뿐만 아니라
허상이라고 강조한다. 사람은 모두 다르다. 좋아하는
영역이 다르고, 잘하는 것도 다르다. 한 사람이 어떤 부
분에서는 적극성을 발휘하지만, 또 다른 영역에서는 소
극적인 모습을 보이는 것은 지극히 정상적인 모습이다.
그러므로 평균이라는 개념은 성립할 수 없으며, 그것
을 일률적으로 따르려는 행동은 빗나간 방향이다.

　우리는 '평균'이라는 허상에서 벗어나야 한다. 평균
에 갇힌 우리의 고정관념에서 벗어나야 한다. 얼마나
많은 부분을 평균의 잣대로 바라보고 있는지 냉정하게

들여다봐야 한다. 평균이 아닌, 약점과 강점으로 접근해야 한다. 지금껏 경험하고 터득한 것들을 바탕으로 재무제표를 완성한 후, 순이익에 해당하는 가르침과 깨달음을 지표로 삼아 앞으로의 방향을 모색해야 한다.

기업은 재무제표를 통해 성장 가능성을 확인하고 투자계획을 세운 다음, 계획에 맞춰 하나씩 추진한다. 기업은 평균을 목표로 움직이지 않는다. 기업은 비전과 목표를 바탕으로 매년 최대치에 도전한다. 당신도 기업이다. '당신과 당신에게 주어진 삶'이라는 자산을 운용하는 기업의 대표이다. 당신도 평균을 목표로 움직이지 않아야 한다. 당신의 비전과 목표를 바탕으로 매년 최대치에 도전해야 한다.

"당신이라는 기업의 성장 가능성은 호의적인가?"
"당신이라는 기업의 투자계획은 무엇인가?"
"계획에 맞춰 진행하고 있는 것을 설명해 줄 수 있는가?"

「그리스인 조르바」에서 자유로운 영혼 조르바가 책 속에 갇힌 두목을 향해 이렇게 말한다.

"아무것도 안 믿어요. 몇 번이나 얘기해야 알아 듣겠소? 나는 아무도, 아무것도 믿지 않아요. 오직 조르바만 믿지. 조르바가 딴 것들보다 나아서가 아니오. 나을 거라고는 눈곱만큼도 없어요. 조르바를 믿는 건, 내가 아는 것 중에서 아직 내 마음대로 할 수 있는 게 조르바뿐이기 때문이오. 나머지는 모조리 허깨비들이오. 나는 이 눈으로 보고, 이 귀로 듣고, 이 내장으로 삭여내어요. 나머지는 몽땅 허깨비지."

모두 조르바가 될 필요는 없다. 조르바 또한 개개인 성의 원칙에 따른 하나의 사례이다. 그를 쫓아가기 위해 자유로운 영혼이 되겠다면서 집을 나설 이유는 없다. 그러나 조르바가 한 말은 기억해야 한다.

"조르바를 믿는 건, 내가 아는 것 중에서 아직 내 마음대로 할 수 있는 게 조르바뿐이기 때문이오."

당신은 할 수 있다. 당신은, 당신을 믿어야 한다. 아직 마음대로 할 수 있는 '당신'을 믿어야 한다. 당신은 아직 당신을 제대로 알지 못한다. 평균이란 함정에 매몰되어 있는 당신은 과감하게 그 줄을 끊어내야 한다.

당신은 당신을 믿어야 한다.
당신도 당신을 믿지 못하는데, 누가 당신을 믿을 수 있겠는가?

5
경청을 잘하는 사람은 부드럽다

"이게 우리가 할 수 있는 최선인가?"

애플을 최고의 기업으로 이끌기 위해 스티브 잡스가 항상 던졌던 질문이라고 한다. 직원의 동기부여를 위해, '애플다운 모델링'을 위해 그가 제안한 애플을 대표하는 질문인 셈이다.

우리는 매일 질문을 마주하면서 살아간다. 반복되는

일상 같지만 실은 조금씩 변형되거나 혹은 대폭 수정된 조건을 반영한 함수 문제를 풀고 있다. 정보를 소비하는 동시에 습득해야 하고, 받아들이는 능력을 발휘하면서 동시에 비판적 사고를 가동해야 한다. 초연결 시대의 미세한 변화를 감지해내기 위해 안간힘을 쓰고 있다. 그런 측면에서 보면 일방통행이 쉽다. 받아들이기만 하고, 걸러내는 것이 없어도 전체적으로 앞으로 굴러가는 느낌이 마음을 편안하게 만들 수 있다. 하지만 지금은 쌍방향 시대, 공유와 협력이 필수인 시대를 살아가고 있다. 그러므로 쌍방향을 학습하지 못한 세대는 공유의 가치를 배워야 하고, 쌍방향을 경험한 세대라면 협력의 기술을 익혀야 한다.

"공유와 협력을 위한 가장 좋은 방법이 무엇일까?"

해답은 경청과 질문에서 찾아볼 수 있다. 제대로 이해하지 못하고, 공감하지 못하는 상황에서 공유와 협력은 어렵다. 제대로 된 이해가 우선이고, 제대로 이해하는데 필요한 것이 '경청'이다. 그뿐만 아니라 잘 듣는 사람은 질문도 잘한다.

호기심을 가지고 이야기에 귀를 기울이다 보면 저절로 궁금한 것이 생겨나고 이해되지 않는 것이 궁금해진다. 자연스럽게 대화는 깊어질 수밖에 없다.

"어떻게 그런 결과가 만들어졌는지?"
"그 이후의 변화는 없었는지?"
"현재는 어떠한지?"

사실 질문은 이해하기 어렵거나 의미 파악이 어려울 때만 하는 것이 아니다. '좋은 질문이 좋은 답을 찾도록 도와준다.'라는 말처럼 생각해 볼 만한 거리를 제공하거나 행동의 방향을 제시하는 데 도움을 주기도 한다. 또한 본질을 밝혀 뜻을 명확하게 세울 수 있도록 이끌어주기도 한다. 제대로 된 이해는 물론 명확한 방향, 문제 해결의 출발이 바로 경청이며 질문이다.

물론 예외는 존재한다. 모든 경우에 적용하기 어려울 수 있다. 중요하지도 않아 보이고, 의미 없어 보일 수도 있다. 그런 경우라면 이렇게 생각해보자. 한 번도 경험해보지 않은 사연, 한 번도 느껴보지 못한 마음, 한 번도 떠올려보지 못한 생각, 한 번도 만나지 못한 사람을 나에게 소개를 해주는 것이어서 이렇게 시간이 오래 걸리는 구나, 이렇게 생각해보는 것이다. 그러면 한결 마음이 편안해지고 차분해질 것이다.

경청도 습관이고, 질문도 습관이다.

어떤 연습도 없이 처음부터 수월하게 잘 해내는 사람도 있지만, 의식적인 훈련을 통해 몸이 기억할 수 있도록 노력하는 사람이 더 많다. 그들은 훈련한다. 상대방의 말을 중간에 가로막지 않기 위해 노력하고, 어떤 순간에 부드러운 말을 해야 하는지, 단호한 표현이 언제 필요한지, 자신을 낮춰야 할 때와 상대를 인정해 줘야 할 때를 파악하여 마음을 전달하기 위해 애쓴다.

그리고 무엇보다 지금 마주하고 있는 사람이 자신에게 가장 중요한 이야기를 해주고 있다는 생각을 놓치지 않기 위해 노력한다.

경청을 잘하는 사람은 부드럽다.
부드러움은 강함을 이긴다.
경청을 잘하는 사람은 강하다.

"부드러운 사람이 되고 싶은가?"
'말하는 사람'이 아니라 '듣는 사람'이 되어야 한다.
"강한 사람이 되고 싶은가?"
'대답하는 사람'이 아니라 '질문하는 사람'이 되어야 한다.

6
실수에도 건설적인 시각이 필요하다

　　　　　　　나는 '실수'라는 말을 제한적으로 사용
하고 있다. 의도한 것은 아니지만 마음을 다치게 하거
나 배려가 부족했던 일이라면 빨리 실수를 인정하고
진심 어린 사과를 한다. 단순히 하나의 사건이 아니라
상대에 대한 배려 부족이 문제인 경우라면, 더욱 예의
를 갖춘다. 혼자 책임지는 것이 아니라, 공동의 책임으
로 엮어진 일에 대해 실수가 일어난 경우에도 비슷하
다. 정중한 사과와 함께 같은 일을 반복하지 않도록 노
력하겠다는 진심을 전하기 위해 마음을 다한다.

하지만 그런 경우가 아니라면, 모든 책임을 내가 감당할 수 있는 사건에 대해서는 조금 다르다. 약간 건설적인 시각에서 스스로에게 조금 다른 방식의 질문을 던져준다.

"어떻게 하다가 이렇게 된 것 같아?"

"무엇을 놓친 것 같아?"

"이번에 배운 건 어떤 거야?"

그러고는 어느 정도 대화가 마무리되면 "괜찮아."라고 머리를 쓰다듬어준다. "다음엔 잘 할 수 있을 거야."라는 말을 속삭여주며, 어디에서도 받을 수 없는 위로를 자신에게 들려준다.

"이번이 마지막은 아니잖아. 또 기회가 올 거야. 다음에 더 잘 해내면 되는 거야!"

실수를 마주하는 일에도 리더십이 필요하다.

실수를 거듭 확인하면서 잘못을 추궁하는 방식이 아니라 밝은 쪽으로 이끌어주어 '쓰임'이 생길 수 있도록 만들어야 한다. 오답 풀이를 하는 것처럼 오류가 무엇이었는지, 맥락적으로 이해하지 못한 것은 어떤 부분인지, 재구성하거나 재해석해볼 여지는 없는지 살피는 과정에 더 큰 노력을 기울여야 한다. 현상을 규명하고 잘잘못을 따져 책임론으로 마무리 짓지 않도록 노력해야 한다.

새로운 문제를 만나고 문제의 난이도를 높이는 과정에서 실수는 생겨날 수밖에 없다. 실수하지 않겠다는 마음으로 새로운 것을 시도하지 않는 것을 더욱 경계해야 한다. 실수가 자산이 되어 '쓰임'을 인정받을 수 있도록 기회를 만들어줘야 한다. 그것이 훨씬 건강한 방식이다.

7
인생 최고의 날은 아직 오지 않았다

"당신은 자신을 신뢰하고 있는가?"

"내가 선택하고 내가 책임진다는 마음으로 살아가고 있는가?"

"단 한 명에게라도 도움이 되는 삶을 희망하는가?"

원망할 이유를 찾기보다 자신을 설득하기 위해 노력하고, 다른 누군가에게 도움이 되는 삶을 만들기 위해 노력해야 한다. 독립적이며, 자발적인 방식으로 가치

있다고 여겨지는 것을 향해 적극적으로 개입해야 한다. 세상을 향해 자리를 만들어달라고 요구하기 전에 당신이 먼저 자리를 만들어야 한다. 세상에 대한 요구는 그다음이다.

「논어」를 읽다 보면 반복적으로 발견하는 메시지가 있다.

"남이 알아주지 않음을 걱정하지 말고 네가 능력 없음을 걱정하라."

하늘은 스스로 돕는 자를 돕는다고 했다. 기회는 준비된 사람을 찾아간다는 말도 있다. 준비했는데도 결과가 예상과 빗나가거나 의도하지 않은 상황이 연출되더라도 너무 좌절할 필요는 없다. 아직 때가 되지 않은 것뿐이다. 저마다 피는 계절이 다른 꽃을 향해 한꺼번에 서둘러 꽃잎을 터뜨려야 한다고 우기는 것과 다르지 않다. 저마다 가장 아름다운 시절은 따로 있다.

기회가 오지 않았다고 생각하는가?

아직 당신 인생의 최고의 날은 오지 않은 것뿐이다. 그러니 너무 걱정하지 말고 당신의 자리를 넓히면서 세상이 신호를 보냈을 때 활짝 날개를 펼칠 수 있도록 준비해두어라. 당신이 해야 할 일은 가고자 하는 길을 향해 우직하게 나아가는 것이다. 때가 되면 꽃이 피듯, 당신의 계절이 찾아올 것이다.

행운의 여신은 바쁘다. 여기저기 자꾸 부르는 까닭에 가야 할 곳이 산더미처럼 쌓여있다. 번번이 허탕을 치면서 요즘 부쩍 발걸음이 무거워졌다. 스스로 자리를 넓히는 일에 열중하는 모습을 보이면, 자신을 감동시키는 일에 노력하는 모습이 보이면, 그때 비로소 몸을 움직인다.

잊지 말자. 행운의 여신은 스스로를 감동시키는 일에 열심인 사람을 제일 좋아한다.

8
기적을 말하고, 사랑을 얘기해야 한다

문학, 역사, 철학, 과학, 조금씩 범위를 넓히는 동안 하나의 단어로 귀결되는 신기한 경험을 하고 있다. 모든 것이 일제히 하나의 방향을 가리키고 있다. 바로, 사랑. 단순히 남녀의 사랑이 아니다. 한계를 정할 수 없는, 기적이라는 이름으로 불려도 전혀 어색하지 않은 '사랑'이다. 당신의 출발 또한 '사랑'이었음을 알고 있는가?

자연과학의 법칙에 근거하여 당신은 세포분열을 통해 세포가 생존과 번영을 유지하려는 과정에서 탄생하였다. 여기에 의도나 목적, 방향은 없었다. 의도적으로 이렇게, 저렇게 배열해서 당신을 만들어내겠다는 목표 같은 것도 없었다. 그저 설명하기 어려운 어떤 감정이 교류를 시작했고, 유사한 감정을 반복적으로 느끼고 싶다는 과정에서 당신이 태어났을 뿐이다. 기적에 가까운 행운이 당신을 찾아왔고, 지금, 이 순간 책장을 넘기는 시간을 당신에게 선물해 주고 있다. 당신이라는 존재 자체가 이미 기적이다.

　이 순간 당신을 향해 '당신은 이미 기적이다.'라고 말하고 있지만, 과거 나는 그 생각에 동의하지 않았음을 고백해야 할 것 같다. 다들 비슷하겠지만, 나는 나를 사용하는 설명서를 갖고 태어나지 못했다. 기적이라고 말할 수 있는 것은 보이지 않았고, 온통 가시밭길 같았다. 사방이 막힌 느낌이었다. 세상에 곤란함이 없기를 바라지 말라는 〈보왕삼매론〉은 탁상공론에 불과했다.

곤란함이 없어야지, 왜 곤란함이 없기를 바라지 말아야 하는지 도무지 이해되지 않았다. 시간이 흐를수록 자꾸 날카로워졌다. 열등감에 가득 찬 마음은 세상을 호의적으로 바라보지 못했고, 나를 향해 비난을 숨기고 있다는 근거없는 상상으로 자신을 괴롭혔다. 기적이라니, 말도 안 되는 소리였다.

그러다가 지금까지와는 완전히 다른 강도의 고통을 만났다. 진심으로, 인생은 비극이었다. '왜 나에게 이런 일이 생겼지?'라며 원망하는 날의 연속이었다. 다른 사람도 비극을 느끼고 슬픔을 맛보았으면 좋겠다는 생각이 온종일 머릿속에서 떠나지 않았다. 하지만 호기롭게 그런 생각을 하면서 앉아 있을 상황이 아니었다. 문제가 터졌고, 문제를 해결하기 위해서는 무엇이든 해야 했다. 그때 주변 도움을 많이 받았다. 의사 선생님을 찾는 일에서부터 서울을 오가는 일, 더딘 시간을 버텨내는 일, 그런 시간 속에 항상 '누군가'가 있었다.

훗날 '다른 사람도 비극을 느끼고 슬픔을 맛보았으면 좋겠다.'라고 생각했던 자신이 얼마나 부끄러웠는지 모른다. 몇 년의 시간을 그렇게 보냈고, 정말 기적 같은 일이 생겼고, 일상에 다시 평화가 찾아왔다.

"인생은 멀리서 보면 희극이지만 가까이에서 보면 비극이다."라는 찰리 채플린의 말은 옳았다. 인생을 통틀어 가장 암울했던 시기를 보냈음은 분명하다. 하지만 누군가의 도움, 간절한 바람이 있었기에 지나올 수 있었던 것도 사실이다. 덕분에 그동안 가지고 있었던 고정관념이나 마음가짐이 완벽하게 바뀌는 경험도 했다. 인생을 바라보는 태도가 180도로 바뀌었는데, '기적'이 말도 안 되는 소리가 아니라, '모든 것이 기적'이라는 생각을 하게 되었다.

당신은 기적이다.
아직 해석해내지 못한 암호가 당신 주변에 가득할 뿐이다. 당신은 암호를 풀어야 한다.

암호를 풀면 조금 더 멀리서 바라볼 기회를 얻게 될 것이고, 언젠가 당신도 '인생은 멀리서 보면 희극이야.' 라는 말을 하게 될 것이다. 셀 수 없이 많은 사람이 있지만, 모두 기적을 말하지는 않는다. 사랑을 말하지 않는 사람도 많다. 하지만 당신은 이별해야 한다. 기적을 말하지 않는 사람, 사랑을 말하지 않는 사람과 이별해야 한다.

당신은 만나야 한다.

세상 모든 것을 기적으로 바라보는 사람, 사랑을 얘기하는 사람과 만나야 한다.

하지만 그 전에 당신이 해야 할 일이 있다.

당신이 먼저 기적을 말하고, 사랑을 얘기해야 한다.

9
감사는 행복으로 가는 지름길이다

오프라 윈프리는 「내가 확실히 아는 것들」에서 감사하는 습관이 일상을 바꿀 수 있는 가장 빠르고 확실한 방법이라고 소개하며, 감사 일기를 강조한다. 그것이 쉽지는 않지만, 감사하는 마음을 가지게 되면 상황을 조금 더 객관적으로 바라볼 수 있게 되고, 객관적으로 바라보는 과정에서 상황을 바꿀 힘이 만들어진다고 얘기한다.

감사 일기가 아니더라도 다양한 일기를 쓰면서 많은 사람이 일상의 변화를 끌어내고 있다. 성찰 일기, 감정 일기, 반성 일기, 성공 일기, 모닝 페이지까지. 눈으로 기록을 확인하고, 점검하는 과정을 통해 목표를 분명히 하고, 목표를 향해 성실함을 발휘해나가고 있다. 무엇보다 그중에서 나는 감사 일기를 추천한다. 2019년에 출간한 「자꾸, 감사」도 그 연장선이었다. 감사하는 습관을 지니면 의미 있는 일상, 의미 있는 인생을 만들 수 있다는 확신에서 기획했던 책이다.

감사 일기는 하루를 새롭게 맞이하는 아침에 적어도 좋고, 늦은 밤에 적어도 좋다. 편한 시간을 선택하면 된다. 예전에는 감사 일기를 저녁에 썼는데, 요즘은 아침에 쓰고 있다. 감사 일기를 쓰면서 생겨나는 긍정적인 에너지로 하루를 시작하고 있다. 감사 일기에 무엇을 써야 할지 모르겠다는 사람이 있는데, 감사 일기를 쓰기 전, 나는 보통 네 가지 정도 질문을 떠올린다.

"오늘(또는 어제) 어떤 일이 있었더라?"

"누구를 만났더라?"

"어떤 감정을 느꼈더라?"

"'감사합니다.'라는 말을 했었는데……"

질문에 대답하면서 일기를 쓰다 보면 놓친 것들이 하나, 둘 떠오른다. 그렇게 떠오른 생각을 형식 없이 써 내려간다. 거창한 것을 쓰기 위해 애쓰지도 않고, 아주 많이 써야 한다는 부담감도 내려놓는다. 자유롭게, 꾸준하게 쓰는 것이 중요하다는 마음으로 이어나간다. 감사 일기를 쓰는 것 또한 스스로를 돕는 과정이라는 생각으로 꾸준하게 진행하고 있다.

당신도 감사 일기를 써 보았으면 좋겠다.

감사 일기를 쓰는 행위를 통해 자신을 스스로 객관화시키고, 긍정성을 확보하는 시간을 가져봤으면 좋겠다.

당신이 '감사합니다.'를 내보냈을 때 당신에게로 되돌아오는 '감사합니다.'를 만나보았으면 좋겠다. 감사하는 마음이 만족하는 마음을 만들고, 만족하는 마음이 행복을 만들어낸다.

감사하는 마음은 행복으로 가는 지름길이다.

MIND

제4부 공감 지능을 높이고 싶은 당신에게 —————————

공감력을 높여줄 문장 외우기

1. '할 수 없는 것'이 아니라 '할 수 있는 것'에 집중하자

2. 마음의 평수를 넓히고 좋은 씨앗을 뿌리자

3. 감정은 결코 이성적이지 않다

4. 평균에 기대어 살지 말자

5. 경청도 습관이고, 질문도 습관이다

6. 부드러움이 강함을 이긴다

7. 실수를 마주하는 일에 리더십을 발휘하자

8. 내 인생 최고의 날은 아직 오지 않았다

9. 기적을 말하고 사랑을 얘기하는 사람이 되자

10. 감사하는 마음은 행복으로 가는 지름길이다

마무리하는 글

아이들이 중학교, 고등학교에 올라가면서 학교 숙제나 공부, 문제 풀이에 직접적으로 개입하는 일은 줄어들었다. 기억도 나지 않을뿐더러 수학, 과학은 애초부터 내게 너무 먼 당신이었다. 그러다 보니 어느 순간부터 아이들도 나에게 도움을 요청하지 않았고, 자연스럽게 남편의 몫이 되었다. 남편의 존재감이 아이들에게서 되살아나고 있는 요즘이다. 그러던 얼마 전의 일이다.

"엄마는 시간이 갈수록 순위가 자꾸 내려가는 것 같

은데?"

익힌 한자가 1,000개를 넘었다는 말과 함께 둘째가 남편과 대화를 나누고 있었다. 그러다 갑자기 나에게 몇 개 정도의 한자를 아는지 물어왔고, 아마 우리 집에서 엄마가 제일 모를 거라고 대답해 줬더니 웃으면서 둘째가 한 말이다.

"그러게. 엄마 자꾸 순위가 밀리는데? 수학도 안 되고, 과학도 안 되고, 영어도 안 되고… 음, 그래도 생활 지능은 엄마가 제일 높을걸?"

수학, 과학, 영어는 밀리지만 생활 지능은 제일 높을 거라고 큰소리칠 때 무렵, 이 책의 막바지 퇴고 작업이 진행되고 있었다. 초고를 거쳐 퇴고 하는 동안 계속 머릿속을 떠나지 않았던 문장은 하나였다.

"나를 믿는 사람이 남도 믿을 수 있다."

나는 나를 믿기까지 오랜 시간이 걸렸다. 나를 소중하게 여기고, 아껴야 한다는 생각을 가지는 데에 큰 노력이 필요했다. 세상에 무언가를 요구하기 전에, 내가 세상에 무언가를 줄 수 있어야 한다는 말을 귓등으로 넘겼던 사람이다. 사랑하면서 살아야 한다는 말은 책 속의 문장에 불과했다. 인정받고 싶다는 욕구에 급급한 나머지 섣부른 행동을 많이 했고, 중간에 포기한 것도 많다. 이것이 과거의 내 모습이다.

　하지만 지금은 완전히 다른 목소리를 내고 있다.

　우선 나를 믿는 일에 자신감이 붙었다. 만족스러운 결과를 장담한다는 것이 아니라, 과정을 충실하게 수행하고, '결과를 감당하는 나'를 믿게 되었다. 태어난 것이 기적인 것처럼, 지금 살아있다는 사실이 기적이며, 날마다 시도할 수 있는 건강함에도 감사하게 되었다. 내가 누리고 있는 많은 것 중에서 '당연한 것은 하나도 없다'라는 사실을 발견하는 순간, 역사에서 유의미한 흔적을 남긴 이들의 노력과 흔적을 재구성했고, 그 과정에서 인생 전체를 통틀어 지켜나가야 할 문장 하나를 완성했다.

"단 한 명에게라도 도움이 되는 삶을 살다가 떠나자."

나는 세상에 무언가를 요구하는 것보다 무언가를 줄 수 있는 역량을 갖추기 위해 노력하고 있다. 그 연장선에서 사람, 사랑, 삶에 대한 연구를 계속하고 있다. 누군가의 평가나 인정을 받고 싶다는 마음에서 일을 만들었던 습관을 버리고 '옳다고 여기는 뜻'을 지키기 위해 마음을 다하고 있다.

글쓰기 수업 시간에 이런 질문을 종종 받는다.

"정말 글을 쓸 수 없는 상황이 생길 수도 있잖아요. 그럴 때가 제일 힘들어요. 글을 쓰고 싶은데, 도무지 글을 쓸 시간이 안 나오거든요. 머리도 복잡하고……"

그때마다 대답해 준다.

"아닙니다. 이러면 안 되는 거 없습니다. 그럴 때는 글쓰기 내려놓으세요. 살아가는 게 먼저입니다. 글쓰기보다 살아내는 게 먼저입니다. 잘 살아내려고 글을 쓰는 것이지, 글을 쓰려고 살아가는 건 아니니까요. 좀 내려놓으셔도 됩니다."

"정말 그렇게 해도 괜찮을까요?"

"네, 괜찮습니다. 잘 살아내시고, 그다음에 쓰셔도 충분합니다."

삶의 목적은 오늘을 잘 보내는 것에 있다.

소중한 사람과 따뜻한 시간을 보내고, 뜻있는 일에 노력을 다하는 시간이 중요하다. 오늘을 잘 보내는 일에 과거의 영광을 반복적으로 떠올릴 필요는 없다. 오지도 않은 내일을 걱정하며 두려워하는 것은 안타까운 일이다. 하루하루 새긴 무늬가 결을 만들고, 작품을 완성한다. 우리가 할 일은 '오늘 내가 만드는 무늬'에 집중하는 것이다.

나는 오늘도 '믿는 마음'으로 나만의 무늬를 만드는 일에 열중하고 있다. 당신은 나와 동일한 무늬를 만들 이유도, 필요도 없다. 바라는 것이 있다면, 이번 책이 당신의 무늬를 완성하는 일에 조금의 보탬이 되기를 희망할 뿐이다. 운이 아주 좋아 나의 무늬와 당신의 무늬가 하모니를 이루는 일이 생긴다면, 더없는 기쁨이 될 것 같다.

　"나를 믿는 사람이 남도 믿을 수 있다"
　"나는 믿기로 마음먹은 순간, 모든 가능성은 높아졌다."

　이번 책이 당신이, 당신을 믿은, 당신을 위한 첫 번째 출발점이 되기를 바라본다.

　　　　　　　　　　　　　　　기록디자이너 윤슬작가

무엇을 다시 시작하기에 가장 좋은 날,

무엇을 마무리하기에 가장 좋은 날,

'오늘'입니다.

– 「살자, 한 번 살아본 것처럼」 중에서